新世纪网络教育系列教材

本科论文写作指南

武丽志 陈小兰 编著

清华大学出版社
北京

内容简介

本书是本科生如何规范开展研究，撰写毕业论文的一本入门指导书。全书从学生参与毕业论文写作的实际需求出发，分别围绕"论文选题"、"资料收集"、"研究方法"、"论文撰写"、"著录规范"、"自信答辩"六个专题，与读者一起探讨了如何选择或拟定适宜的题目、如何收集文献资料、如何选择并应用研究方法、如何撰写结构完整的论文、如何引用文献及图表、如何准备并参加答辩等一系列问题。

全书语言活泼、版面新颖、模块划分清晰，阐述问题深入浅出，并采用了第二人称的写作手法，直接与阅读者对话。本书适用于各类业余学习形式（如函授教育、网络教育、广播电视教育等）的本科学生，而且也供全日制、准备参与科学研究、撰写学术论文的在职人员参考使用。

本书封面贴有清华大学出版社防伪标签，无标签者不得销售。

版权所有，侵权必究。举报：010-62782989，beiqinquan@tup.tsinghua.edu.cn。

图书在版编目（CIP）数据

本科论文写作指南 / 武丽志，陈小兰编著. —北京：清华大学出版社，2011.7（2024.1重印）
（新世纪网络教育系列教材）
ISBN 978-7-302-25670-0

Ⅰ. ①本… Ⅱ. ①武… ②陈… Ⅲ. ①毕业论文－写作－网络教育－教材 Ⅳ. ①G642.477

中国版本图书馆CIP数据核字（2011）第102834号

责任编辑：田在儒
责任校对：李　梅
责任印制：丛怀宇

出版发行：清华大学出版社
地　　址：北京清华大学学研大厦A座
https://www.tup.com.cn，
邮　　编：100084
社　总　机：010-83470000
邮　　购：010-62786544
投稿与读者服务：010-62776969，c-service@tup.tsinghua.edu.cn
质　量　反　馈：010-62772015，zhiliang@tup.tsinghua.edu.cn

印　装　者：北京鑫海金澳胶印有限公司
经　　销：全国新华书店
开　　本：185mm×260mm　印　张：7　字　数：140千字
版　　次：2011年7月第1版　印　次：2024年1月第14次印刷
定　　价：22.00元

产品编号：040437-02

21世纪是一个变革的时代,以多媒体计算机和互联网为主要标志的电子信息通信技术正在引发教育界的一场深刻革命。高等教育正在从精英教育走向大众化、普及化,学校也由封闭走向开放,成为构建面向全民终身学习的学习型社会的中坚力量。

华南师范大学于2002年经教育部批准,成为现代远程教育试点高校。学校还是"全国教师教育网络联盟计划"核心成员单位,全国高校现代远程教育协作组成员单位,并被教育部推荐为"国培计划"教师远程培训机构。经过近十年的探索与实践,华南师范大学网络教育学院在高等学历教育、非学历培训、校园开放教育等领域均取得了丰硕成果,并充分彰显"教师教育"、"实验研究"、"教育帮扶"、"区域辐射"四大特色。"华师在线"也已成为国内网络教育品牌之一。

在长期的远程教育实践和研究中,华南师范大学网络教育学院不仅着力于新技术、新媒体的教育应用,而且不断地对传统媒体进行改良和创新。对远程教育印刷教材的执著追求、深入研究和大胆创新就是代表。近年来,我们针对网络教育面向成人的特点,充分发挥印刷教材作为远程学习主要内容载体和联系其他教学媒体纽带的作用,以霍姆伯格有指导的教学会谈理论为指导,设计、开发了具有鲜明远程教育特色的,适合成人学习者使用的《网络学习方法——教你做成功的网络学习者》等教材,受到了学员和专家的广泛好评。

为进一步推广远程教育印刷教材的编写经验,使更多的学员从中受益,我们与清华大学出版社合作,组织专家编写了本套"新世纪网络教育系列教材"。该系列教材选题丰富、体例新颖,非常适合自学,是网络学习的有效补充。

丛书大胆创新,突出"远程特色",以学生为中心、目标为导向、案例为载体,强调针对性、交互性和实用性。与其说这是系列教材,我更倾向于说这是系列"学"材,通过改变传统意义上的"教"与"学"的关系,让学生与"学"材交流、对话,掌握知识,是本丛书的最大特点。丛书在语言风格上,力求生动活泼、通俗易懂;在编写体例上,力求体系清晰、结构严谨;在内容组织上,力求循序渐进、难易适度,满足不同程度学习者的学习需求。

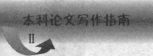

系列教材的编写、出版，汇聚了众多知名专家的广博智慧，更离不开出版社的大力支持。清华大学出版社柴文强副编审为本套丛书的出版做出了巨大贡献，在此特别鸣谢！

许晓艺

于华南师范大学教师新村

2011年4月

新世纪网络教育系列教材编委会

主　任：黄丽雅　许晓艺

委　员：陈兆平　张妙华　潘战生　乔东林

　　　　武丽志　陈小兰　涂珍梅

前言

"写学术论文实在是一件让人焦头烂额的事情！"——近年来，时常会听到有学生发出类似的感慨。学生对毕业论文这一学业难题，可谓是既爱又恨，既喜又忧。毕业论文写作十分重要，无法回避，它在高等教育中有着不可替代的地位和作用。但由于国内通常把毕业论文写作归为实践教学，而很少设置专门课程教授学生一般的研究写作方法和规范，致使很多学生即便论文写完了还是一头雾水，对学术规范更是知之甚少。因此，如何帮助大学生在写作毕业论文初期，尽快熟悉学术论文的写作规范，形成较为成熟的研究思路就是一件迫在眉睫的事情了。

上述境况在网络教育中尤为突出。目前，国内网络高等学历教育的对象是在职成人，他们一般都有丰富的工作经验，并对特定问题有自己独立的思考和见地，但成人学生如何发挥工学相长的显著优势，开展有效的科学研究，撰写严谨的学术论文，似乎大家又都无从下手。

本书正是从学生的实际需求出发，围绕"论文选题"、"资料收集"、"研究方法"、"论文撰写"、"著录规范"、"自信答辩"六个专题，与读者一起探讨了如何选择或拟定适宜的题目、如何收集文献资料、如何选择并应用研究方法、如何撰写结构完整的论文、如何引用文献及图表、如何准备并参加答辩等一系列问题，相信一定能够帮助并陪伴各位即将毕业的朋友顺利度过学位论文写作的岁月。

除了精心编纂内容外，本书尝试改变教科书的传统形象，在编写体例和版式设计上做了大量创新，期望能够给读者带来耳目一新的感觉。全书语言活泼、版面新颖、模块划分清晰，阐述问题深入浅出，并采用了第二人称的写作手法，直接与阅读者对话。目的是让学习者轻松、愉悦地完成相关知识的学习。本书作为教育部重大研究课题《继续教育改革和发展战略与政策研究》之子课题《远程与继续教育教材设计的现状、问题与发展研究》的示范教材，对于推动我国远程与继续教育领域的印刷教材建设具有一定的理论和实践意义。

本书是集体智慧的结晶。武丽志、陈小兰、黄晓敏、原芳、周玲均参加了书稿的写作、修改和最后的统稿工作。在付梓之前，韩娟博士对全书进行了细致的修改，并提出了许多宝贵建议。本书的两位主编既是网络教育的研究者，又是网络教育的教学者和管理者，并多年直接参与了网络教育毕业论文的指导和答辩工作。因此，全书在内容组织上，贴近一线需求，力求字字有用，句句有益于解决问题。

最后，建议即将毕业的朋友们，在毕业论文写作过程中，遇到什么问题，把本书打开来翻一翻，读一读，相信你会受益良多。如果还没能解决，欢迎大家登录"华师在线"的论文写作讨论组，和老师、同学一起来分享论文写作中的苦与乐。

武丽志

2011年元月于广州

1	专题一　论文选题
2	一、选题原则，哪种题目适合我
4	二、选题途径，捕捉灵感的火花
6	三、拟定题目，告诉别人我想做什么
7	四、基于"华师在线"的毕业论文选题
12	专题二　资料收集
13	一、文献类型及常见文献
17	二、文献检索方法
18	三、数据库检索
23	四、Internet搜索引擎
28	五、基于"华师在线"的数字图书馆
32	专题三　研究方法
33	一、研究方法是什么
34	二、研究方法的选择
35	三、常用研究方法：文献研究法
37	四、常用研究方法：问卷调查法
40	五、常用研究方法：访谈法
43	六、常用研究方法：观察法
45	七、常用研究方法：个案研究法
49	八、常用研究方法：行动研究法
53	九、常用研究方法：实验研究法

61	专题四　论文撰写
62	一、论文组织结构
62	二、论文撰写过程
73	三、论文抄袭的严重后果
74	四、基于"华师在线"的毕业论文指导
78	专题五　著录规范
79	一、参考文献规范
82	二、图的规范
85	三、表的规范
86	四、其他规范与要求
89	专题六　自信答辩
90	一、准备答辩
90	二、答辩流程
93	三、答辩细节
95	四、论文成绩的评定
98	附录　华南师范大学网络教育学院本科毕业论文写作管理暂行办法
104	参考文献

专题一 论文选题

说起毕业论文写作，第一步就是确定选题，这是大家面临的第一个挑战！选题的好坏，对后续论文写作关系重大。在本专题，我们将从毕业论文的选题来源、选题原则、题目拟定，以及具体的网络选题系统操作来帮你顺利迈出论文写作的第一步，实现成功起航！

 学完本专题，你将能够：

（1）选择或拟定适合自己的论文主题；

（2）撰写简洁、规范的论文题目；

（3）使用学院的毕业论文选题系统完成选题。

专题导读

毕业论文写作是本科教育的必修课，也是大学生专业学习中的一次综合演练，可谓意义非凡。通过毕业论文的写作，能够看出一个人的职业素养，发现一个人是不是具有热情、毅力和好奇心，也能够体现和培养多方面的能力，如观察世界的能力、思考问题的逻辑能力、阅读能力、书面表达能力、口头表达能力，等等。此外，一篇好的毕业论文能够为大学生涯画上一个圆满的句号，留下人生精彩的一笔……

一、选题原则，哪种题目适合我

在进行论文主题的选择之前，我们先学习论文选题的原则。不管指导老师给定选题，还是学生自拟题目，毕业论文选题都应该经过慎重考虑和仔细推敲。只有适合自己的选题才是最好的选题！

要保证自己的论文选题切实可行，并且值得做，那么它至少要符合以下四个原则。

（一）有价值

价值是我们选择一个论文题目的重要依据，也是论文指导老师衡量你的论文选题能否通过的一个重要指标。一个有价值的选题能够满足社会需要，对实践起积极的推动作用，或者解决学科中的一些问题，促进学科发展。无论是直接还是间接，短期或是长期，只要我们的论文选题能够实现上述作用，它就是有价值的。要保证论文选题的价值，在定题前应该查阅相关文献，与指导老师进行充分沟通，切勿将时间与精力浪费在没有意义的事情上。

有价值，就是有需求。钱学森教授认为："研究课题要紧密结合国家需要。……在研究方法上要防止钻牛角尖，搞烦琐哲学。"

（二）感兴趣

一个好的选题，至少要对于研究者来说是有趣的。毕业论文的写作会占用你很多时间，而且在这个过程中你可能会遇到很多困难和挫折，因此，要完成毕业论文，必须具有足够的热情和耐心。只有当你对选题感兴趣时，你才会有足够的热情和耐心去研究，并且对研究的过程和结果充满好奇心。强烈的好奇心反过来也会驱使你在论文写作过程中反复研究资料，不断验证观点，努力克服研究和写作过程中的重重困难，使论文工作顺利进行。

除此之外，论文研究和写作过程中的热情也会体现于论文的字里行间，并感染读者。因此，感兴趣，或者说有趣，是我们论文选题的一个重要标准。

（三）可操作

可操作是指我们应该根据自己实际具备的条件和经过努力可以具备的条件来选题，使研究能够顺利完成。可操作原则一方面要求我们了解自己的能力特长、知识结构、兴趣爱好等；另一方面要求我们立足于具备的客观条件，如资料、设备、经费和时间等，做到扬长避短，主动创造条件，充分发挥自身优势。具体来说，选题的可操作性体现在以下三个方面。

1. 题目不宜过大

我们做毕业论文的时间不多，一般从选题申请到成绩发布只有大约4个月的时间，为了顺利毕业，我们选题不能太大，应该尽量选择小问题，以便深入研究，按时完成。

例如，"家庭教育研究"这样一个选题作为本科生的毕业论文就太大了，可以考虑缩小范围，只做其中一个方面，如特定家庭背景下的家庭教育，像"外来务工人员子女的家庭教育问题研究"。此外，由于条件限制，如果你无法从其他省市得到实验数据，那么，可以考虑把调查范围缩小到自己能够把握的地区，如"广州市天河区外来务工人员子女的家庭教育问题研究"。

再如，"新课程改革背景下的教学模式研究"较为笼统，就不如"新课程改革背景下××学段××学科××教学模式研究"具体，易操作。

一般来说，把题目做大不如做小，范围缩得越小，就越容易进入正题，思路就越清晰，研究工作就越容易进行。而且大多数情况下，论文指导老师不希望你的论文做得多宏伟、多全面。即使选题很小，但只要你能挖掘出一些有价值的信息，或是提出自己独到的观点，有理有据，那么，你的论文就算是成功的。

2. 所需资源是可以获得的

在论文选题的时候，要考虑到你的研究在现有条件下是否可行，所需的材料是否可以获得。例如：你的选题如果需要实验验证，那么，最起码需要具备实验环境；如果你想对企业的运营进行研究，那么必须能够进入到合适的公司，并获取相关材料；如果你的论文需要到其他省市地区做调查，那么你起码要确保自己有足够的时间和精力……

3. 所需资源是可以驾驭的

所需资源最好属于你的知识范围之内，是你可以理解并能加工、处理的。如果你研究的题目或需要的资源是你完全没有接触过的，那么在完成论文之前，你可能要花费大量的时间学习新的知识，这必然会分散你做毕业论文的精力和时间，甚至可能影响论文的完成进度。

（四）有创新

创新是论文是否值得一做的关键标准之一，也是你选题能力的重要体现，如果你所选的题目具有创新性，能够展示你独到的见解，或者在研究方法上与别人不同，那么，无疑对你的论文有很大的加分作用。

你的论文创新至少应该体现在以下某一个方面：

（1）理论创新。在传统理论知识基础上的提高和发展，提出自己

提示

在具体的写作过程中，经指导老师许可，学生可以在同一研究方向内细化或修改原来的论文题目，以便更好地写作。

提示

本科生撰写毕业论文，以应用创新为主。通常是使用已有理论或研究方法发现新问题、解释新问题、揭示新规律。

的新观点，构建新体系。

（2）应用创新。将已有的理论、方法、原理应用于新的实践领域，解释新问题，揭示新规律。

（3）方法创新。方法上的创新通常是科学新发现的先驱，指使用新的研究方法，或者研究方法体系来研究既有问题。

创新需要同学们充分开拓思路，张开想象的翅膀在学术研究中自由翱翔！正如爱因斯坦所说："想象力比知识更重要……知识是有限的，而想象力概括着世界的一切，推动着进步，并且是知识进化的源泉。"

二、选题途径，捕捉灵感的火花

虽然明白了论文选题的原则，但是大部分学生，在面临选题的时候，都或多或少会感到困惑和迷茫。毕业论文写什么？选题从哪里来呢？如果你对如何选题依旧无从下手，那么，不妨先从以下几个途径寻找线索，获取灵感。

（一）自身经验与认识

丰富的实践经验对在职学生来说是非常宝贵的选题来源。如果一个题目能够引发你的想象，和自身的经验与认识联结起来，或者有助于解决现实中的问题，那么，这个题目就具备了很好的现实意义和研究价值。

要想从自身经验和认识中提取有价值的研究主题，必须抛开固有成见，时刻保持一颗好奇心，带着"问题"意识去看待周围的一切事物。

——如果你是某企业的员工，公司决策、人事氛围可能是再熟悉不过的，很难会对它们有更多的想法。但是，如果愿意抛开已有成见，站在一个旁观者的立场，你可能会发现，处于不同职位的人对同一个事物会持不同观点和态度。

——如果你是一位教师或教学管理人员，可能教师工作状态对你来说是再平常不过的事情。但是，假如暂时离开你的位置，从一个陌生的视角观察，你可能会发现更多问题，例如男教师可能比女教师更加容易产生职业倦怠，或者恰恰相反。

——如果你是一个技术人员，可能生产设备、设施对你来说再熟悉不过了。但是，假如你跳出工作，思考一下是否可以改进设备或者流程，是否有办法提高效率，这时研究题目就出现了。

面对这些情况时，你可以试着去寻找问题的答案。总之，当问题产生的时候，研究主题也就自然而然地产生了。带着"问题"意识，

（1）为什么论文选题要以"感兴趣"为原则？

（2）关于论文的可操作性，需要考虑哪些影响因素？

在碰到问题或者看到感兴趣的现象时，多问问自己："为什么会存在这种现象？它与其他方面的问题是否有联系？利用我的所学是否能够解决这个问题？"慢慢地，你会发现，在看似平常的生活中，会有很多有趣的现象和事物值得深入研究。

（二）专业文献

专业文献是我们选择研究主题的另一重要依据。

在确定研究主题前必须认真地研读相关文献。通过文献研读，一方面，你可以了解到本专业的研究热点。所谓的研究热点，一般都具有很强的研究价值和实践意义，而且研究资料、成果比较丰富。另一方面，通过专业文献的阅读，我们可以更多地了解前人的研究及成果，做到有继承，有创新。例如，如果你研究的问题已经有人做过了，那你可以选择一种不同于前人的视角或者研究方法去研究，或者你觉得现有研究做得不够好，可以继续沿着这个方向做下去，弥补现有研究的不足。

（三）本学科领域的专家和学者

学科领域的专家是对特定学科、专业最了解的一群人，他们掌握着相关领域的大量信息，而且对学科内的许多研究问题和现象有自己的独到见解，对领域未来发展趋势有清晰的理性判断。通过向专家请教，你可以获得许多关于论文选题的建议。

一般来说，只要你态度认真、谦逊，领域专家都很乐意跟你讨论、交流。另外，不要忘记了你身边的专家——毕业论文指导老师，与指导老师及时、充分地沟通是选题过程中不可或缺的环节，他（她）会给你许多有益的参考。

（四）同学们

与同学交流也能够激发你的选题灵感。实践证明，同学之间的平等交流很多时候更容易激发思想的火花。在选择研究题目之前，我们可以采用"头脑风暴"的方式与同学交流，记录下关于选题的尽可能多的想法，最后再对这些想法进行梳理、评价。你会发现，你对论文选题的想法已经变得越来越清晰了。

当然，除上述方法外，你也可以从某些课程或者演讲，以及相关新闻时事中获得写作的灵感。比如，我就曾从科技新闻中获得有关"电子墨水"的信息，从而联想到可以从事有关"电子墨水与移动学习"的相关研究。

最后要记得：选择论文研究主题，是一项很考验人的工作，当你为选题苦恼的时候，脚踏实地的观察和阅读会比空想来得更为有效！

不少学术论文在最后都会总结研究不足和未来研究展望，这对正在选题的你，会是很好的启发。

要获得其他作者的联系方式，可以通过网络搜索。

另外，许多期刊在文章后都附有作者单位、E-mail等信息。

> **扩展阅读**
>
> ### 从有趣的想法到可研究的问题
>
> 我们注意到不少学生在把有趣的想法转化成可研究的问题方面束手无策,为此,我们设计了一个简单的练习。
>
> 可研究的问题几乎无一例外地牵扯到两个或更多变量、现象、概念、想法之间的关系。这种关系的性质可能各不相同。研究本身包含着阐述这种关系性质的方法。社会科学研究很少只针对单独一种概括(比如,"我想就'骗子现象'把已有的已知情况都梳理一遍")或变量(比如,总统选举中的投票率)。即便出现了两个不同的变量,选题仍须谨慎。只有发现了第三个"相关"变量,你的想法才可以付诸研究。
>
> 举个例子也许更能说明为什么非要新变量冒出来,研究才真正可行。假定我对年青一代如何理解上一代这个问题很感兴趣。在这样的问题水平上,研究会相当平庸,很可能会激起别人"那又怎样"的不屑评论。作为研究,它顶多也就是用访谈、测验甚至行为观察等手段去问问年轻人对上代人的看法。不过,要是我们能引进第二个变量,一系列问题就会引发出来,理论(和现实)意味马上大不相同,如:
>
> ——媒体在塑造社会对上代人看法的问题上起了什么作用?
> ——如果跟祖父母住在一起,会影响人们的看法吗?
> ——为照顾老辈人而出台的法律,对大家的看法起了什么作用?
> ——中年人对上代人的看法与他们跟父母相处的方式之间有什么联系吗?
>
> 在这些很有挖掘潜力的问题里,新变量分别是媒体、祖父母的出现或消失、立法类型、对待父母的方式。这些变量赋予研究工作以真正的意义,因为它们提供了影响人的看法的多种因素和多个线索。
>
> (摘编自:雷·R. 牛顿,克叶尔·埃里克·鲁德斯坦,乔迪·威洛夫. 大学论文写作十二讲.北京:首都师范大学出版社,2005)

三、拟定题目,告诉别人我想做什么

通过前面的学习,我们已经了解了如何选择研究主题,现在,我们来讨论一下,如何拟定论文题目,也就是题目措辞。

论文题目是整篇论文内容的高度概括,要做到言简意赅,语言清晰。

（一）言简

言简指的是文章的题目要简洁，不要存在冗余或无关的信息，一般题目长度不超过25个字。例如"我国行政成本高的原因及其行政成本节约的对策分析"，题目中两次出现"行政成本"，就显得冗长了。可以改为"我国行政成本高的原因与对策分析"。还有许多人喜欢把题目取为"浅谈……"，"关于……问题的思考"，因为毕业论文本身就是研究，而且必须是比较深入、科学的研究，不存在"浅谈"、"思考"等，所以加上这些字眼就显得多此一举了。

（二）意赅

意赅就是题目能够抓住整篇文章的精髓，不能过度推广，也不能太狭隘，要能够正确传递研究内容。假如我们研究的是企业员工激励机制及其效果，但由于客观条件限制，调查样本只局限在广州市的民营企业，那么我们就应该在题目中体现，将"企业员工激励机制及其效果的研究"改为"广州市民营企业员工激励机制及其效果研究"。

（三）清晰

语言要做到清晰，就必须仔细推敲题目中的每个字，务必使其能够表达清楚你的意思，不可存在歧义。例如，"中小学教师管理与激励策略研究"这个题目就存在歧义，到底是针对中小学教师的管理和激励策略研究，还是中小学教师在课堂上使用的管理和激励策略研究呢？如果改成"中小学教师课堂管理与激励机制研究"，就不存在上述问题了。

另外，在定题的时候，也要注意避开个人倾向，保持一种客观、诚实的态度，以免个人倾向对研究产生影响。如"隔代抚养对儿童独立性养成的不良影响研究"，这个题目就包含了一个带有个人倾向的假设，即"隔代抚养"不利于儿童独立性培养。但是，是否不利于儿童独立性培养，这正是我们研究的主要内容，尚存在不确定性，如果带着这种假设进行研究，势必会影响研究结果。因此，对上述题目的表述，我们可以换个方式，如"隔代抚养与儿童独立性培养的关系研究"。

四、基于"华师在线"的毕业论文选题

（一）选题来源

华南师范大学网络教育学院的本科生毕业论文选题是通过"华师在线"平台完成的。学生除了选择系统中已有的题目，还可以自拟题目。

以下论文题目是否恰当？如不恰当，你有何修改意见？

- 分组教学的实验研究
- 人事管理系统
- 农民工问题研究
- 关于×××地区社会经济发展的对策之思考
- 网络文化研究
- 我国法律制度存废之我见
- 论普通话的推广对地方方言保护的负面影响

1. 系统选题

学院每年都会组织论文指导老师提供题目，供学生选择。学生可以登录"网络教室"，根据学院提供的选题、写作指引，结合自己的专业、兴趣和实际情况，选择论文题目。由于每人只能选择一个题目，每个学习中心最多不允许超过5个人选择同一论文题目，因此，为确保选到自己理想的题目，在论文选题开始时，你就应该对各个题目进行评估，尽快选择适合自己的题目。

2. 自拟题目

"自拟题目"的选题方式与系统选题相同，只不过老师预设的题目是"自拟题目"。选择了"自拟题目"的学生应在选题时间结束后，在"论文操作"中提交自己的选题以及选题依据，待论文指导老师审核通过后，方可定题，并正式开始论文写作。

（二）选题系统操作

（1）在IE浏览器中输入网址：http://www.gdou.com/，打开"华师在线"首页。

（2）通过"华师在线"主页，登录学院"教学教务管理平台"。

（3）进入"教学教务管理平台"后，单击平台左侧"学生工作室"中的"毕业论文"栏目，进入选题界面，如图1-1所示。

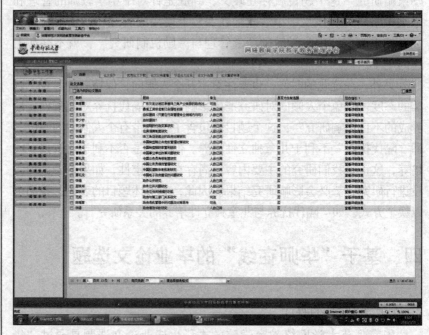

图1-1　论文选题界面

（4）在选题界面，通过浏览题目及相应的写作指引，综合考虑自己的研究兴趣、研究条件，勾选合适的导师、题目，如图1-2所示。

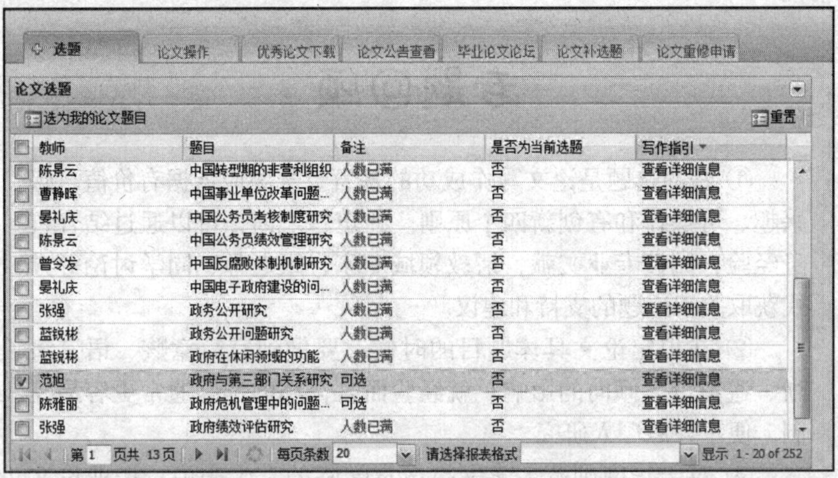

图1-2　勾选题目

（5）选好题目后，单击"论文选题"下方的"选为我的论文题目"，确认论文选题，如图1-3所示。

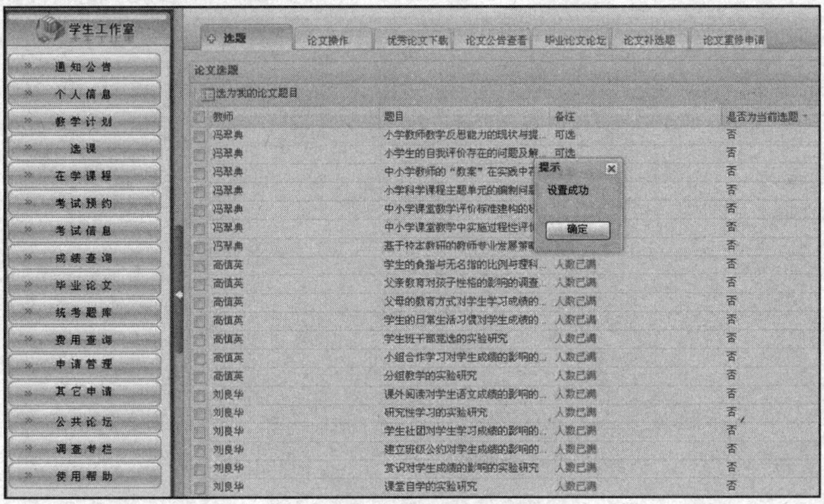

在选题期间允许更换论文题目，选题结束后则不可再换，因此，同学们要把握好时间，慎重选择！

图1-3　确认选题

（6）选题成功时，系统中的"是否为当前选题"状态变为红色字体"是"，如图1-4所示；否则为选题失败，应重新选题。

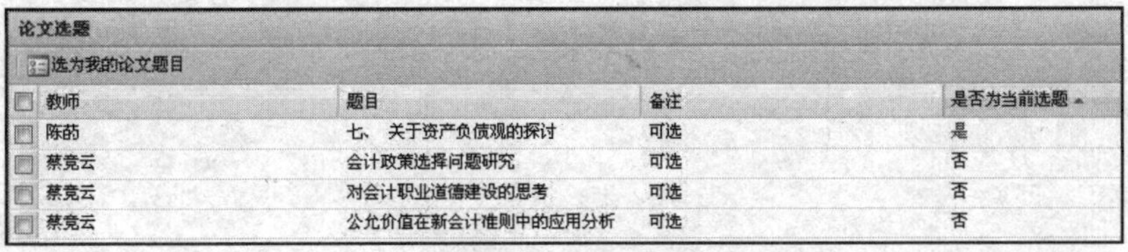

根据所学，登录"华师在线"的"教学教务管理平台"，完成选题操作。

图1-4　选题成功

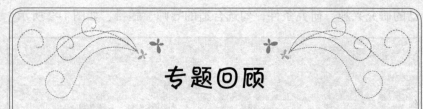
专题回顾

① 好的选题是论文写作成功的基石。选题应依据有价值、感兴趣、可操作和有创新四个原则。在定题之前,可以通过结合自身经验,阅读专业文献,请教领域专家,跟老师、同学讨论等方式获取关于选题的支持和建议。

② 在拟定论文具体题目的时候,要做到言简意赅、语言清晰、避免个人倾向的影响。就经验而言,小的选题通常更容易控制,便于开展深入研究。

③ 对于华南师范大学网络教育学院的学生来说,毕业论文选题是通过网络选题系统来完成的,学生可以选择老师提供的题目,也可以自拟题目。

我的论文进度

我想研究的主题：_____
_____

我的研究条件：_____
_____

我的论文题目：_____

我想补充说明：_____
_____
_____
_____
_____
_____
_____
_____
_____

专题导读

《荀子·劝学篇》中有这样一句:"吾尝终日而思矣,不如须臾之所学也。吾尝跂而望矣,不如登高之博见也。"说的是:我曾经整天思索,却不如片刻学到的知识多;我曾经踮起脚远望,却不如登到高处看得广阔。收集资料、阅读文献就是"学",能够避免无益的空想和盲目的探索。

专题二 资料收集

资料的收集工作贯穿于论文写作的全过程。在选题阶段,我们需要通过收集和研读文献资料,了解拟定题目的研究现状,看看是否有人做过了,已经做到什么程度,从而避免重复研究;在研究实施阶段,已有研究可以在内容和方法上为我们提供借鉴;在论文写作阶段,我们需要从文献中找到支撑自己观点的论据。因此,资料的收集与研读是论文写作过程中必不可少的功课,关乎论文成败,每个学生都必须掌握。

要成功获取论文所需要的资料,首先是要有适当的入口,也就是说,知道从哪里寻找资料;其次是要有适当的方法与技巧,即知道怎么查找和获取文献。本专题主要介绍了文献的类型以及常用的文献检索工具及检索技巧等。

 学完本专题,你将能够:

(1)说出常见的文献类型;

(2)熟练操作常用的期刊数据库;

(3)找到自己研究所需要的文献原文。

一、文献类型及常见文献

文献是记录知识的载体。具体地说，文献就是将知识、信息用文字、符号、图像、音频等记录在一定物质载体上的结合体。现在通常理解为图书、期刊等各种出版物的总和。

值得注意的是，在研究及论文写作过程中，写作毕业论文的你要利用文献，而不是被文献所利用。这就要求大家必须大胆、开放，不要将既有文献视作权威，而是将之视为一些有用但是可能存在错误或者需要进一步发展的阶段性成果。只有这样，你才能将自己的研究建立在"巨人"的肩膀上。

（一）文献的类型

按内容、性质和加工情况分，文献可分为零次文献、一次文献、二次文献和三次文献。

（1）零次文献指未经正式发表或未形成正规载体的一种文献形式。如：书信、手稿、会议记录、笔记等。零次文献具有客观性、零散性和不成熟等特点。零次文献一般是通过口头交谈、参观展览、参加报告会等途径获取的，它不仅在内容上有一定价值，而且可以弥补公开文献从信息的客观形成到公开传播之间费时甚多的弊病。

（2）一次文献指由作者本人的教育实践与科学研究成果为基本素材而撰写的文献，无论创作时作者是否参考或引用了他人的著作，也无论以何种载体形式出现。如专著、研究报告、产品样本、论文、报刊、政府出版物、档案材料、会议文献等出版物和非出版物。一次文献通常是我们做研究的第一手资料，对研究工作有很大价值。

（3）二次文献指对一级文献加工整理而成的系统化、条理化的文献资料，它便于读者对文献进行检索和查找。通常，二级文献包括各种索引、书目、文摘以及类似内容的各种数据库等。善于利用二次文献，可帮助我们有效提高检索效率。

（4）三次文献指在二次文献的基础上对一次文献进行分类后，经过加工、整理而成的文献资料。如数据手册、年鉴、动态综述、述评等。这类文献综合性更强，具有浓缩性、参考性等特点。

文献的分类并不说明文献的价值等级，它只是说明文献来源的层次不同。我们查找文献时，需要的是各种文献，而不仅是其中的某一类。

以下哪些是一次文献、二次文献、三次文献，请在对应的方框内进行勾选。

	一次文献	二次文献	三次文献
专著《高等教育研究》	□	□	□
《中国教育书目》	□	□	□
《电脑知识手册》	□	□	□
《语文课程文本价值研究报告》	□	□	□
《辞海》	□	□	□
《大不列颠百科全书》	□	□	□
《中国百科年鉴》	□	□	□
《中国学术期刊文摘》	□	□	□

查找文献的步骤

（1）分析研究主题。此阶段需要分析论文的主题内容，弄清我们要检索的关键问题，确定检索的学科范围、文献类型范围、你准备着手的研究，需要解决什么问题？哪些问题可以通过文献资料得到解答？

当遇到把握不准的术语、定义、历史沿革、现实状况、统计数据以及事件等问题时，应及时查询工具书。

时间范围等。

（2）选择检索系统。中外文检索工具和数据库非常多，选择合适的检索系统，能帮助我们提高检索效率。

（3）制定检索策略。了解了信息检索系统的基本性能，明确检索课题的内容要求和检索目的后，制定恰当的检索策略，进行文献查阅。

（4）筛选检索结果。文献检索结果不一定都符合我们的需要，这就要根据需要对检索结果进行分析和筛选，缩小文献范围，甄别有效、合理的数据，列出文献列表。

（5）获取原始文献。通过图书馆或网络检索等方式，有偿或无偿获取原文。

（二）常见文献

1. 图书

图书是指对某一领域的知识进行系统阐述或对已有研究成果、技术、经验等进行归纳、概括的出版物。主要包括：教科书、学术专著、参考工具书（指对某个专业范围作广泛系统研究的手册、年鉴、百科全书、辞典、字典等）等，如图2-1所示。阅读书籍可以帮助我们全面、系统地了解某一研究领域或某一专题的知识。书籍的出版周期比期刊长，有时候编辑书籍费时数年之久，不过书籍的内容一般比期刊更加完整和成熟。

图2-1　各类图书

2. 期刊

期刊，也称杂志，是指那些定期出版、汇集了多位著者论文的连续出版物。期刊有固定的名称和版式，连续的出版序号，由专门的编辑机构编辑出版，如图2-2所示。

和图书相比，期刊的出版周期短（通常是月刊、双月刊或季刊），数量大，内容新颖、丰富。一般来说，从期刊论文中，我们可以找到最新的学术研究成果。

图2-2 学术期刊

3. 学位论文

学位论文是高等院校和科研院所的本科生、研究生为获得学位资格（学士、硕士或博士）而撰写的学术性较强的研究论文，是在参考大量文献、进行科学研究的基础上完成的。

学位论文有较强的理论性和系统性，内容专一，阐述详细，具有一定的独创性，也是一种重要的文献信息源。

4. 会议文献

会议文献是指在国内外学术会议上宣读或发表的论文、报告稿、讲演稿等与会议有关的文献。会议文献一般通过会议论文集的方式出版，有时也会刊载在学术期刊上，如图2-3所示。

会议文献的主要特点是：传播信息及时、论题集中、内容新颖、专业性强，往往代表某一学科或专业领域内最新学术研究成果，基本上反映了该学科或专业的学术水平、研究动态和发展趋势。

图2-3 会议论文集

博士、硕士学位论文通常都会对研究主题做详细的文献综述，这对刚刚开始论文写作的你，一定会有很大的借鉴价值。

百度法律（http://law.baidu.com/lawindex.html）为我们提供了我国法律条文的相关检索。

5. 政府出版物

政府出版物是指各国政府及其所属机构出版的，具有官方性质的文献，又称官方出版物。政府出版物大致可分为两类：一类是行政性文件，包括司法资料、条约、决议、规章制度以及调查统计资料等；另一类是科技性文献，包括研究报告、科普资料、技术政策文件等。政府出版物数量巨大，内容广泛，出版迅速，资料可靠，是重要的信息源。借助于政府出版物，可以了解某一国家的科技政策、经济政策等，而且对于了解其科技活动、科技成果等，有重要参考作用。

从政府部门的官方网站上可以方便地获得许多有用的数据和文件。例如我国教育部门户网站就设置了机构设置、新闻动态、政策法规、公报公告、教育统计、文献资料等栏目。在教育统计中，就包括了大量很有价值的信息，如各类教育的招生人数、教学规模、师生比例等。

为了保证数据的可靠性和权威性，应该尽量在政府官方网站下载资料，一般政府网站的域名都以"gov"为后缀，如中华人民共和国政府门户网站（http://www.gov.cn/）和中华人民共和国教育部网站（http://www.moe.gov.cn/）。

6. 标准文献

标准文献指按规定程序制定，经公认权威机构批准的一整套在特定范围（领域）内必须执行的规格、规则、技术要求等规范性文献，简称标准。根据适用范围，标准文献可以分为国际标准、国家标准、行业标准、地方标准和企业标准等。

标准一般有如下特点：

- 格式化。一般来说，一个国家对于标准的制定和审批程序都有专门的规定，并有固定的代号。
- 约束力。它是从事生产、设计、管理、产品检验、商品流通、科学研究的共同依据，在一定条件下具有某种法律效力和约束力。
- 时效性。它只以某时间阶段的科技发展水平为基础，随着经济发展和科学技术水平的提高，标准将不断地进行修订、补充、替代或废止。一般的标准时效性是3~5年。
- 针对性。标准都有明确的适用范围和用途，一项标准一般只解决一个问题。

标准是准确了解社会经济领域各方面技术信息的重要参考文献。

检索国内标准的工具主要有《中国标准化年鉴》、《中国国家标准汇编》、《国家标准和行业标准目录》、《中国国家标准文献数据库》等。

标准网（http://www.standardcn.com/）是由国家发展和改革委员会产业协调司主管的我国工业行业标准化门户网站。

检索国外标准的工具主要有《国际标准文献数据库》(中国标准情报中心编)、《ISO国际标准目录》、《美国国家标准目录》、《英国标准年鉴》等中译本资料及各国标准的原版目录。

查找文献资料的思路

以"冬季教室空气质量对学生疲劳的影响"为例，我们可以提出以下问题，并分别查找资料：

（1）什么叫空气质量？它由哪些因素决定？
（2）一年四季教室空气质量变化的原因是什么？
（3）什么叫学生疲劳？学生疲劳由哪些因素决定？
（4）空气质量的指标怎样测定？有无国家标准？
（5）学生疲劳的指标怎样测定？有无国家标准？
（6）"冬季教室空气质量测定与分析"，有没有人研究？成果怎样？
（7）"学生疲劳测定与分析"，有没有人研究？成果怎样？
（8）"冬季教室空气质量对学生疲劳的影响"，有没有人研究？成果怎样？
（9）有没有谁对上述问题发表了看法？都有哪些看法？

上述九个问题可分为三类。前三个问题为概念性问题，随后两个问题为标准化问题，后四个问题为已有研究成果的查询问题。不难看出，前三个问题的概念性问题可以从百科全书和有关专业词典等参考性工具书中查找；随后两个问题的标准化问题应该查找《劳动保护法规》和《国家室内环保标准》等标准化手册；后四个问题已有研究成果查询问题则需要查阅已发表的科研文献，可利用检索工具书或数据库查找。另外，通过"中华环境网"和"国际环境网"等专业网站，也可查到很多相关资料。

（摘编自：作者查找文献资料的检索工具［OL］. http://www.docin.com/p-259723.html&pageType=previewUser）

二、文献检索方法

常用的文献检索方法有以下三种。

（一）直接法

直接法是指直接利用检索系统（或工具）检索文献信息的方法。通常可以通过题目、关键词等方式进行搜索。

（二）追溯法

追溯法是利用文献后面所列的参考文献（被引用文献）目录，追溯文献，查找原文的方法。追溯法可以循环使用，从而一环扣一环地追查下去。这样就可以像滚雪球一样，依据文献间的引用关系，获得更多、更有效的检索结果。

例如，从《中小企业实施网络招聘的实证研究》文后，我们可以获取图2-4所示的参考文献信息。

[1] 陈欣.企业网络招聘系统分析与优化方案设计[J].商场现代化, 2005,(17).
[2] 熊军.网络招聘存在的问题与对策探讨[J].商场现代化, 2006,(06).
[3] 陈强.影响网络招聘方式选择因素的调查量表设计[J].市场周刊.理论研究, 2006,(08).
[4] 于东阳,伍争荣.如何有效实施网络招聘[J].中国人力资源开发, 2004,(03).

图2-4 参考文献的追溯

从中选择与研究主题相关的文献进行追溯和研读，可以扩大文献范围。追溯法尤其对我们查找外文文献十分有效。

（三）循环法

循环法又称分段法或综合法。它交替使用直接法和追溯法，以期取长补短，相互配合，获得更好的检索结果。具体方法如下。

先利用检索工具查出一定时期内的一批有用文献；然后利用这些文献后面所列的参考文献，以追溯法查出前一时期内的文献。如此循环交替地使用上述两种查找方法，直到获得充足的文献资料为止。

三、数据库检索

数据库检索尤以查找图书和期刊论文最为常用。

（一）图书数据库

图书馆的在线目录和书籍搜索功能使书籍的查找变得十分便捷。但是对于校外的学生，大部分图书数据库是需要付费才能使用的。

以下数据库的普通检索功能一般都是不限IP地址的，在家便可以检索。但查到你需要的图书，想阅读全文，就必须付费，或到大学校园网、图书馆局域网内下载使用。

（1）你的论文需要哪些文献？使用哪种检索方法比较合理？

（2）在什么情况下，适合使用追溯法？

（1）超星数字图书馆，网址：http://www.ssreader.com

超星数字图书馆首页见图2-5，目前拥有中文电子图书100多万种，涵盖各学科领域，并不定期补充新的图书。其网站提供图书检索功能，而且提供大量免费在线书籍，如图2-6所示。超星数字图书都可以在IE等浏览器中直接阅读。

图2-5　超星数字图书馆首页

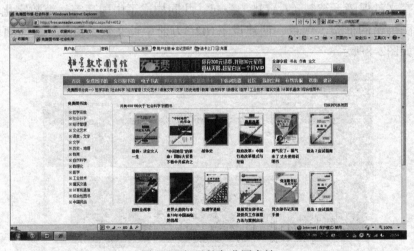

图2-6　超星的免费图书馆

（2）方正Apabi数字图书馆，网址：http://www.apabi.cn

方正Apabi数字图书馆是由北京大学方正公司开发的数字图书系统。截至2010年，电子图书达50余万种。其中，2006年后出版的新书占到了70%，涵盖了社科、人文、经管、文学、科技等学科门类。首次使用时需下载并安装方正Apabi阅读器。方正电子书保留了图书的原版原貌，阅读方便，并且可以像使用印刷图书一样做标记、记笔记，如图2-7所示。

通过网络可以很便捷地获取资料。不过，建议你也去图书馆走走，徜徉在书的海洋，你一定会有更多收获。

图2-7　方正电子书

（3）大学数字图书馆国际合作计划，网址：http://www.cadal.cn

大学数字图书馆国际合作计划（China Academic Digital Associative Library，CADAL），前身为高等学校中英文图书数字化国际合作计划（China-America Digital Academic Library）。CADAL与"中国高等教育文献保障系统"（CALIS）一起，共同构成了中国高等教育数字化图书馆的框架。项目一期建设了102.3万册中英文数字资源。其首页如图2-8所示。

图2-8　CADAL首页

（二）电子期刊数据库

常用电子期刊数据库有以下三种。

（1）中国知网，网址：http://www.cnki.net

中国知网收录了包括期刊、博硕士论文、会议论文、报纸、年鉴等学术资料；覆盖理工、社会科学、电子信息技术、农业、医学等学科范围，数据每日更新，并支持跨库检索。其中，"中国期刊全文数据库"收录了国内9100多种综合期刊与专业特色期刊的全文，收录的年代范围是1994年至今（部分刊物回溯至创刊）。其检索页面如图2-9所示。

图2-9　中国知网检索页

（2）维普数据库，网址：http://www.cqvip.com

维普数据库是重庆维普资讯有限公司开发研制的中文电子期刊数据库，其首页如图2-10所示。该数据库收录了我国自然科学、工程技术、农业科学、医药卫生、经济管理、教育科学和图书情报等学科8000多种期刊的2300余万篇文章全文。该数据库中的期刊最早回溯至1955年。

图2-10　维普数据库首页

（3）万方数据资源系统，网址：http://www.wanfangdata.com.cn

万方数据资源系统的内容涉及自然科学和社会科学各个专业领域，包括学术期刊、学位论文、会议论文、专利技术、中外标准、科技成果、政策法规、地方志、机构、科技专家等子库。其中"数字化期刊"子库收录自1998年以来国内出版的各类期刊6000多种，其中核心期刊2500多种，论文总数量达到1000多万篇，每年约增加200万篇，每周两次更新。万方数据知识服务平台首页如图2-11所示。

图2-11　万方数据知识服务平台首页

四、Internet搜索引擎

为了帮助用户及时、准确地找到所需网站和信息，Internet开发了许多提供信息查询、搜索的网站，这些网站称做搜索引擎。

（一）常用的搜索引擎

搜索引擎是目前Internet上常用的文献检索工具，其中尤以谷歌和百度为代表。

1. 谷歌 www.google.com.hk

谷歌（Google）是目前公认的全球规模最大的搜索引擎，它通过对30多亿个网页进行整理，向世界各地用户提供简单易用的免费服务，用户可以快速得到所需的搜索结果，搜索时间通常不到半秒。现在，谷歌每天需要提供约2亿次查询服务。

2. 百度 www.baidu.com

百度（baidu）是全球最大的中文搜索引擎，拥有全球最大的中文网页库，目前收录中文网页已超过12亿个，致力于向人们提供"简单、可依赖"的信息获取方式。

（二）搜索引擎的使用

1. 常规检索——以百度为例

要用百度进行检索，首先要登录百度网站（http://www.baidu.com/）。

在搜索框内输入要检索的内容，如图2-12所示，然后单击右侧的"百度一下"按钮（或者直接按【Enter】键），结果就出来了。

图2-12 百度常规检索

2. 搜索引擎的高级搜索技巧——以百度为例

（1）要求结果包含两个或两个以上关键词

如果要求检索结果包含两个或两个以上的关键词，只要在关键词之间加上空格即可。例如，我们希望了解高等教育的相关法规，可以输入"高等教育 法规"，如图2-13所示，就可以搜索到所有包含

网络文献来源不一，良莠不齐，须根据文献的原始出处、时间等因素分析是否准确、可靠，再确定能否采用。

百度国学http://guoxue.baidu.com/提供了大量丰富的古典名著、历史资料、人名书名等，包括经史子集等。

"高等教育"和"法规"的中文网页。

图2-13 检索示范

（2）引号——精确查找

使用双引号将关键词引起来，可以严格要求查询包括这些词的网页。如，输入""小学语文教育""，就会找到包括完整"小学语文教育"字段的网站。

（3）*号——搜索引擎的通配符

"A*B"表示搜索包含A和B，中间夹有任何词的网页。比如，"以*治国"，表示搜索第一个字为"以"、末两个字为"治国"的短语或句子，中间的"*"可以为任何字符或字符串。

（4）Filetype——检索特定文献类型

"Filetype:"后是文档格式，如PDF、DOC、XLS等。其中PDF文档是Adobe公司开发的一种图文混排电子文档格式，能在不同平台上浏览，是电子出版的标准格式之一。

许多期刊文献一般是以Word文档或者PDF文档格式存在，可以在检索式后输入"filetype:pdf"，得到的检索结果就都为PDF格式的文件了。例如，我们需要找到一些儿童文学的相关研究，在百度中输入"儿童文学"，出来的结果就很多很杂，其中包括网站、图书介绍、新闻等，使用Filetype检索式可以避免这一问题，如图2-14所示。而且，PDF格式的文件一般情况下都可以下载。

浏览PDF文件，需要安装特定的软件Adobe Reader，该软件可以直接在网上下载安装程序。

图2-14 检索PDF文献

3. 谷歌学术搜索

网址：http://scholar.google.com.hk/schhp?hl=zh-CN

谷歌学术搜索提供了广泛搜索学术文献的简便方法。它可以方便地帮助你搜索到世界各地的学术资料,包括来自学术著作出版商、专业性社团、预印本、各大学及其他学术组织的经同行评论的文章、论文、图书、摘要和文章等。上面的所有搜索技巧也同样适用于谷歌学术搜索。

利用谷歌学术搜索进行文献检索,可通过以下途径进行。

(1)按作者姓名搜索

直接输入作者姓名,如:周莉,即可进行搜索,如果是英文名字,为了更精确查找,可以加英文状态下的引号:"PJ Hayes"。

如果使用上面的方法,你找到太多提及该作者的论文,则可以使用"作者:"操作符搜索特定作者。例如,"作者:周莉"或"作者:"PJ Hayes"",如图2-15所示。

图2-15 按作者姓名搜索

(2)按标题搜索

输入加引号的论文标题内容,如:"高等教育管理",如图2-16所示。谷歌学术搜索会自动查找标题包含该内容的论文,以及正文包含此内容的其他相关论文。

图2-16 按标题搜索

(3)选择文献的起始日期

在任一搜索结果页,单击谷歌标题下方的下拉按钮,如图2-17所示,可以选择文章的起始日期。适当选择比较晚的起始日期,可以过滤一部分较旧的文献,检索到最新的研究成果。

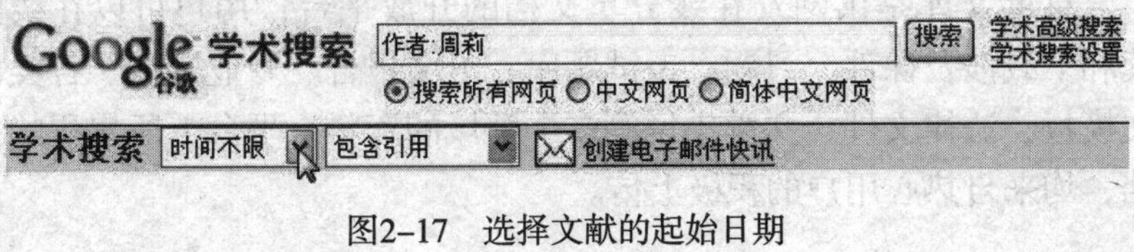

图2-17 选择文献的起始日期

根据需要，利用谷歌学术搜索查找全文文献。

（1）我的研究主题：_____

（2）可用关键词：_____

（3）文献的时间范围：_____

（4）我用到的搜索技巧：_____

（5）共搜索到____篇全文文献。

（6）百度文库http://wenku.baidu.com/。

百度文库使用指南：http://www.baidu.com/search/wenku/help.html。

上网注册百度账号，并尝试利用百度文库上传和下载文献。

（4）学术高级搜索

学术高级搜索为用户提供了更多检索条件，单击进入谷歌学术搜索的"学术高级搜索"页面，可以指定文章关键词、作者、出版物和日期范围，进一步提高检索精确度，如图2-18所示。

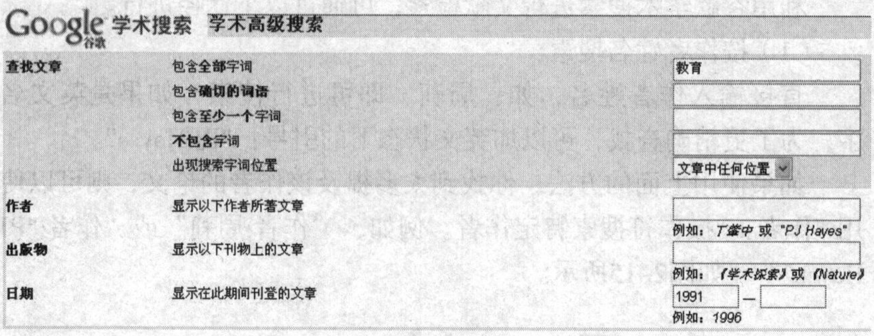

图2-18 高级搜索页面

选择高质量文献的一般准则

无论是利用图书或期刊数据库，还是Internet搜索引擎，抑或是传统图书馆，你都会碰到检索结果成百上千的情况。面对浩瀚的文献资料，哪些才是对你的研究真正有用的呢？

通常，符合下面条件的文献质量较高，值得研究者重点关注：

① 作者是领域内的权威专家。他们的研究通常具有极强的前瞻性和引领性，他们的观点通常引人关注，文献的引用率也很高。此外，高等院校或研究机构中的学者和科研人员撰写的文献通常比新闻界、商业领域人士撰写的文献更准确、客观、可靠。

② 核心期刊中的文章。就国内来说，中文社会科学引文索引（CSSCI）来源期刊、中文核心期刊要目总览来源期刊、中国科学评价研究中心（RCCSE）核心学术期刊都是质量较高的刊物，其中刊载的文章自然整体水平也较高。

③ 出版社的名望。对于书籍类文献来说，有名望或专业化程度高的出版社，图书整体质量较高。

④ 被引用率高。反复被他人引用的文献质量较高。

⑤ 来源。官方来源的文献比私人文献可靠、质量高。

百度文库是供网友在线分享文档的开放平台，用户可以在线阅读和下载涉及课件、习题、考试题库、论文报告、专业资料、各类公文模板、法律文件、文学小说等多个领域的资料。平台上所累积的文档，均来自热心用户的积极上传。

关键词提炼

网络文献浩如烟海,要准确地获取所需信息,必须选择恰当的关键词。下面介绍几种关键词的选择技巧,以提高大家的检索效率。

1. 选择重点词

检索词中无用词过多,检索效果就会降低,甚至会出现零结果或文献量过少。相反,检索词过少,文献检索结果的数量就会很庞大,不相关文献会加在其中,筛选起来自然力不从心。适当选择检索词,关键在于选择重要词。

如查找有关"政府管理过程中的公民网络参与研究",重要词包括"政府管理"、"公民"、"参与"、"网络",检索式可以有如下组合:"政府管理"、"公民参与"、"网络参与",而"研究"、"过程"属于非重要词。另外,介词、连词、冠词等无实质意义的虚词一般不作为检索词,最好不要出现。

2. 归并同义词、缩写词

进行关键词检索时,关键词必须包括同义词和缩写词,否则会造成漏检。例如,检索"学习动机"相关信息,你可能还需要用到"学习动力"、"学习目标"等。检索"学习困难学生",还会用到"学困生"、"后进生"。

3. 不要忽略常用中外文同义词、缩写词

常用中文同义词、缩写词也是检索的重点。

如:世界贸易组织——WTO(World Trade Organization)

国际红十字会——IRC(International Red Cross)

信息技术——IT(Information Technology)

基于问题的学习——PBL(Problem Based Learning)

非典——SARS(Severe Acute Respiratory Syndrome)

电子公告板——BBS(Bulletin Board System)

4. 上下位概念扩展检索

如"鲁迅小说中的人物形象"中"鲁迅小说"作为核心关键词,还应检索其下位概念"孔乙己"、"阿Q正传"等。研究"郭沫若诗歌",除了"诗歌",最好能够用"文学作品"等作为关键词检索,以防漏掉重要文献。

五、基于"华师在线"的数字图书馆

华南师范大学网络教育学院为学员免费提供了一个包含22个学科门类的数字图书馆,其中包含了学术期刊论文、学位论文、会议论文、专利技术、中外标准、科技成果、政策法规等丰富的内容,并定期更新。

学员使用"华师在线"的数字图书馆,只需单击"学生工作室"左侧的"数字图书馆"栏目,即可进入图2-19所示的数字图书馆首页。

图2-19 "华师在线"数字图书馆首页

"华师在线"数字图书馆支持快速检索、高级检索,以及跨库检索等功能。

(一)快速检索

快速检索位于"华师在线"数字图书馆首页的上部。它只提供一个检索字段,如图2-20所示,只要在搜索栏中输入适当的检索词,单击"检索"按钮即可。为了缩小检索范围,在快速检索前,可以选择期刊、学位、会议、专利、标准、成果、法规等项目中的一个。

图2-20 "华师在线"数字图书馆——快速检索

（二）高级检索

单击图2-20中右侧的"高级检索"链接，即可进入"高级检索"页面，如图2-21所示。

图2-21　"华师在线"数字图书馆——高级检索

在高级检索模式下，你可以通过设定标题、作者、来源、关键词、摘要、发表时间、文献类型、被引用次数，以及是否有全文等条件，来准确查找自己期望的文献资料。

高级检索中的各个项目，你在搜索时可以随意组合应用。你设置的条件越多，检索结果将越少，越精确。

（三）跨库检索

跨库检索位于"华师在线"数字图书馆首页的右下部。通过勾选，可以实现在多个数据库中的同步检索，如图2-22所示。

图2-22　"华师在线"数字图书馆——跨库检索

在进行跨库检索操作时，可以设定不同的检索字段（见图2-23），并可以通过单击检索字段左侧的"+"、"-"按钮增加或减少检索条件。

图2-23 检索字段

专题回顾

① 所有研究都必须站在巨人的肩膀上。阅读文献是论文写作的基本功。

② 文献的类型，按内容、性质和加工情况，可分为零次文献、一次文献、二次文献和三次文献。常见的文献有图书、期刊、学位论文、会议文献、政府出版物、标准文献等。

③ 查找文献的步骤包括：分析研究主题、选择检索系统、制定检索策略、筛选检索结果、获取原始文献。常用的文献检索方法有：直接法、追溯法、循环法。

我的论文进度

我的论文题目：_____

需要解决的问题：_____
_____

需要检索的资料：_____
_____
_____

可能的获得途径：_____
_____
_____

检索结果：_____
_____

我想补充说明：_____
_____
_____
_____
_____

专题三
研究方法

专题导读

"工欲善其事,必先利其器!"

学术是指系统的、专门的学问。而学术研究的关键就在于找到并应用科学的方法。只有掌握了科学的研究方法,才能保证整个研究过程及其结果的客观、真实与可靠。

任何研究都离不开方法的支撑,从某种意义上说,有什么样的研究方法,就有什么样的学术研究。本专题,我们就从如何选择适当的研究方法,以及如何应用这些方法着手,带你步入科学研究的殿堂。

 学完本专题,你将能够:

(1)列出各种常见的研究方法;

(2)说出各类研究方法的使用原则和注意事项;

(3)分析你的论文应选取的研究方法;

(4)规划你的研究过程。

一、研究方法是什么

研究方法指在研究中发现新现象、新事物，或提出新理论、新观点，揭示事物内在规律的工具和手段。它是人们在长期的科学研究中不断总结、不断提炼形成的。对于本科生来说，经常会用到的研究方法有文献研究法、观察法、调查法、实验研究法等。

科学的研究方法必须具有系统化、程序化的步骤。一般包括：
- 选题与假设的建立；
- 数据、资料的收集；
- 数据资料的分析；
- 结论的形成。

此外，科学的研究方法还必须具有客观性。要进行科学研究，形成可靠结论，就必须对数据资料进行广泛的采集。因为，对事物内在本质和运动规律的认识总是建立在大量客观事实基础之上的。

质的研究与量的研究

客观存在的一切事物都具有"质"和"量"的两种规定性，"质"和"量"构成了科学研究的两个取向，或两个侧重点。自然科学以量的研究为主；而在社会科学研究领域，由于社会现象的特殊性和复杂性，质的研究与量的研究长期并存。

其中，"量的研究"是一种对事物可以量化的部分进行测量和分析，以检验研究者自己有关理论假设的研究方法。量的研究有一套完备的操作技术，包括抽样方法（如随机抽样、分层抽样、系统抽样、整群抽样）、资料收集方法（如问卷法、实验法）、数字统计方法（如描述性统计、推断性统计）等，正是通过这种测量、计算和分析，以求达到对事物"本质"的把握。

"质的研究"则是在自然情境下，通过研究者和被研究者之间的互动，对事物（研究对象）进行长期深入细致的体验，然后对事物的"质"有一个比较整体性的、解释性的理解。"质的研究"要求研究者对自己的"前设"和"偏见"进行反省，并随着实际情况的变化，不断调整自己的研究设计。简单说来，"质的研究"就是一种"情境中"的研究。

表3-1所示为量的研究与质的研究对比。

表3-1 量的研究与质的研究比较

类别	量的研究	质的研究
方法论	逻辑-实证主义（logical-positivism）：客观世界的存在是不变的，社会世界是有规律的。当所有的主观性从世界抽离后，真实世界方存在	现象学的解释主义（Phenomenological interpretive-ism）：社会世界是人为建构的，且持续经由社会互动而为新的一代所重新建构。所有的社会行为均是有意图的
研究目的	证实普通情况，预测，寻求共识	解释性理解，寻求复杂性，提出新问题
研究方法	自然科学的研究模式：如实验法、问卷调查法等	人文与诠释取向：田野工作、参与及观察、访谈、文本分析、个案研究与叙事法等
研究结论	概括性，普适性，可以重复；可以推广到抽样的总体	独特性，地域性，不能重复；认同推广、理论推广、积累推广

值得注意的是，"质的研究"与"量的研究"各有优势和弱点，两者不是相互排斥，而是相互补充的。

二、研究方法的选择

"条条大路通罗马"，同一个研究目标，可以采用不同的研究方法。但是，在具体的研究中，由于研究者个人能力、客观条件等方面的差异，采用不同的研究方法，可能难度和可行性上存在差异。因此，在进行研究的时候，应该根据自身情况和研究目标慎重选择方法。一般研究方法的选择，应考虑以下三个因素。

（一）研究问题

研究问题是我们选择研究方法时要考虑的首个重要因素。一般来说，不同学科的研究问题倾向于采用不同的研究方法，如自然科学最多使用的是观察法和实验法，而社会科学多用访谈法、问卷法和个案法。同一学科中，研究问题性质不同，采用的方法也存在差异，例如要进行"青少年逆反心理"的研究，最合适的方法应选择调查研究法；如果要研究"交际教学法在中学英语口语教学中的应用"，那么行动研究或实验法可能更合适。因此，确定研究方法前，必须了解研究问题的性质和特点。

（二）研究进度

选择合适的研究方法还必须考虑研究进度。
• 在选题阶段，可以通过观察法、文献调查法、历史研究法来获取选题相关数据，对论文的研究价值进行论证；
- 在研究的准备阶段，需要占用大量的经验材料，问卷调查、访谈等调查法在此阶段用得最多；
- 在研究实施阶段，除了调查法和文献法，实验法也是常用的方法；
- 而到了研究结论的推出阶段，由于研究方向已经确定，研究的目的是为了得出自己的结论或论证自己的观点，我们更多地采用数学方法或者统计方法。

（三）个人经历

方法的选择往往还取决于你的教育经历和个性特征。如果你在统计学及计算机方面接受过长期训练，那么采用数学方法，对数据进行量的处理可能比较得心应手；如果你对材料有较强的驾驭能力，那么开放式访谈和文本分析等方式可能更加适合你。优先选择你已经学过或者使用过的研究方法，可以减少调研过程中由于研究方法不熟悉造成的不便。

其次，个性也对研究方法的选择有一定影响，例如，个性比较外向的同学采用调查法时，可能比较游刃有余；但是个性内向的同学，可能会倾向于采用文献法。

一篇论文中不一定只用到一种研究方法，可根据需要选用多种研究方法，优势互补，使研究结果更加可靠。

（1）自己的论文研究需要解决哪些问题？

（2）在论文的不同阶段，自己应该选用哪些研究方法，为什么？

三、常用研究方法：文献研究法

文献研究法是指通过搜集、阅读、分析已有文献，得出对主观、客观事物认识的研究方法。这种方法通常不与研究对象直接接触，而是通过文献间接地对研究对象的本质和规律进行研究。无论你的选题是什么，对文献进行收集、整理和分析是所有研究开展的前提，因此文献研究法对于任何研究都必不可少。

（一）文献研究实施步骤

文献研究一般包括三个阶段。

（1）分析和准备阶段。对研究问题进行分析，确定查找的主题和文献范围；

（2）收集和占有阶段。解决如何查找文献的问题，进行文献搜集；

（3）处理和加工阶段。对搜集到的文献进行分类和整理，对不同来源的文献资料进行比较和筛选，最重要的是要通过对文献的阅读和学习提炼出自己的观点。此阶段成果的一般表现形式为文献综述。

（二）撰写文献综述

1. 文献综述及其结构

文献综述是我们对论文主题相关的研究资料（如论文、专著等）进行阅读后，经过消化理解、整理、综合分析与评价形成的内容。学位论文（尤其是博士、硕士学位论文）通常都包含文献综述部分。另外，我们在期刊上也经常会看到专门的文献综述型论文。

文献综述主要是为了介绍与研究主题相关的详细资料、动态和进展以及作者对上述方面的评价，因此，一般都包含以下三个部分：即前言、主题和总结。

（1）前言部分主要是介绍有关概念及综述范围，扼要说明有关主题的现状或争论焦点。

（2）主题部分也是综述的主体，其写法多样，没有固定的格式。可按时间顺序综述，也可按问题分类综述，还可按不同的观点进行比较综述，不管用哪一种格式综述，都要将所搜集到的文献资料归纳、整理及分析比较，阐明有关主题的历史背景、现状和发展方向，以及对这些问题的评述。在进行综述的时候，可以适当地使用统计表和图标，使研究问题和变化特点更加直观。

（3）总结部分是对综述主题的扼要总结，提出已有研究的不足，并最好能提出自己的见解。

2. 文献综述撰写注意事项

（1）内容客观全面。文献综述的撰写是以大量的文献为基础的，要求对研究现状做全面的阐述，如果文献不够全面，综述很难做到客观、公正。

（2）关注重点文献。不同类型和出处的文献价值不同，要对文献进行筛选，选用具有代表性、可靠的文献，去掉重复、雷同、不可靠、无价值的资料。

（3）做好文献目录登记。及时整理，对文献进行分类，记录文献信息。大量的文献，读后如果不及时整理，事后很容易找不着，所以应及时记录。做个书名列表，记录文献的标题、作者、主题和出处等，同时，对于特别重要的文献，不妨做一个读书笔记，摘录其中的重要观点和论述，方便正式写作时查找引用。

（4）引用文献要忠实文献内容。由于文献综述有作者自己的评论分析，因此在撰写时应分清作者的观点和文献的内容，不能篡改文献的内容。另外，我们应尽量阅读作者原文，不要间接转引文献。

四、常用研究方法：问卷调查法

问卷指的是一份事先拟好，由受访者作答的问题列表。问卷调查法是根据研究的目的和要求，制定问卷，向被调查者了解情况，征询意见和建议的一种手段。该方法特别适用于对现状的调查。

（一）问卷组成

一份完整的问卷包括标题、前言、指导语、个人特征资料、问题等部分，其中问题一般包括事实性问题和态度性问题。

1. 标题

标题是问卷内容的反映。它是整份问卷设计的总目的，是设计问卷的主要依据，也是衡量问卷效度的一个重要标准。

虽然问卷的目的是非常明确的，但是在设计标题的时候，我们要避免使用一些敏感字词，如，测量学生网络成瘾情况，最好不要用"网络成瘾"，可以使用"学生网络使用情况调查问卷"，避免对受访者产生暗示。

2. 前言

前言是问卷的开头，即开场白，是对调查的目的、意义及有关事项的说明，应简明扼要，并努力消除受访者的思想顾虑。例如，一项关于小学教师工作倦怠感的问卷，其前言部分一般可参考下文。

尊敬的老师：

您好！首先，非常感谢您在百忙之中能抽空填写此问卷。这是一份关于小学教师工作倦怠感的调查问卷。请您根据自己的实际情况逐项填写，答案并无对错之分，问卷不记名，调查结果仅供研究使用，诚请放心填写。

谢谢您的大力支持与合作！敬祝：身体健康！工作愉快！

3. 指导语

指导语是用来指导被调查者填写问卷的各种解释和说明。其作用是指导被调查者按问卷设计要求正确填写，以免出现填写错误，造成大量无效问卷。有些问卷的填答方法比较简单，在前言中附带一两句说明即可，不单独作为一部分。有些问卷的指导语较长，一般集中在前言之后，问卷主体之前，并标有"填表说明"的标题。指导语示例：

下列各题，您认为对的，在后面"是"字上画"○"；认为不对的，在后面"否"字上画"○"。

4. 个人特征资料

个人特征资料往往作为研究中的自变量被使用。例如我们研究不同受教育程度的人接触职业培训的情况，那教育程度便要在个人资料特征中出现。以下为问卷的个人特征部分示例。

（1）性别：A. 女　　B. 男

（2）年龄：A. 25岁以下　　B. 26~35岁　　C. 36~45岁
　　　　　　D. 46~55岁　　E. 55岁以上

（3）受教育程度：A. 大专　　B. 本科　　C. 硕士　　D. 博士

5. 事实性问题

事实性问题主要是为了了解客观存在或者已经发生过的行为事实。如：

（1）你所在的学校是否为你提供了上网条件？
　　A. 有　　　B. 没有

（2）你每周上网的时间是：
　　A. 小于1小时　B. 1~2小时　C. 2~3小时　D. 3小时以上

6. 态度性问题

态度性问题用于了解被试对某些行为的态度、评判，而不是了解其行为本身，这是问卷研究中使用最多的一类问题。如：

你是否认同网络提高了你对政府公共事务的参与度？
　　A. 非常同意　　B. 同意　　C. 不同意　　D. 非常不同意

（二）问卷调查法的实施

1. 确定受访者

（1）人数。要确定受访者数量，我们应该考虑两个因素，一个是问卷的回收率，一个是问卷的有效率。

问卷的回收率指的是问卷发出后，能够被填写并收回的比率，即：

$$问卷回收率 = \frac{实际回收的问卷数}{发出的问卷总数}$$

问卷有效率，指的是回收的问卷中，去除无效问卷（即未作回答或者不按要求填答的问卷）后，剩下的可用的问卷与实际回收问卷的比率，即：

$$问卷有效率 = \frac{实际回收的问卷总数 - 无效问卷数}{实际回收的问卷总数}$$

由于回收率和有效率一般都难以达到100%，因此确定的受访者数量应该多于抽样的研究对象数量。即：

$$受访者数量 = \frac{研究对象}{回收率 \times 有效率}$$

（2）抽样就是从总体中抽取样本的过程。在绝大多数时候，研究范围无法覆盖研究总体，因此需要采用抽样的办法从总体中挑选部分作为总体的代表，以便通过对局部的研究获得可靠资料，并推论总体的情况。常用的抽样方法有简单随机抽样、系统抽样、分层抽样等。

- 简单随机抽样。简单随机抽样适用于个体总数较少的抽样。设总体个数为N，如果通过逐个抽取的方法抽取样本，且每次抽取时，每个个体被抽到的概率相等，这样的抽样方法为简单随机抽样。
- 系统抽样。当总体的个数比较多的时候，可以先把总体按照一定的顺序编号，然后按照预先制定的规则，从每一个部分中抽取一些个体，得到所需要的样本，这样的抽样方法叫做系统抽样。例如从120个人中抽取10人，那么可以把120人按照1～120进行编号，然后确定间隔K=120/10=12，起点为R=（K+2）/2=7，即从7号开始，每隔12个号码抽一个样本，因此，所取样本为：7，19，31，43，55，67，79，91，103，115。
- 分层抽样。当总体由差异明显的几部分组成时，适合采用分层抽样。将总体分成互不交叉的层，然后按照一定的比例，从各层中独立抽取一定数量的个体，得到所需样本，这样的抽样方法为分层抽样。例如，从总体120人中抽取30人，刚好总体中有男性80人，女性40人，现在要抽取25%作为样本，则可以按照男女比例进行分层抽样。

2. 分发问卷

问卷的分发和回收方式有很多种，其中最常用的是邮政投递式、专门递送式和集中填答式。

- 邮政投递式指的是研究者通过邮局向被选定的调查对象寄发问卷，并要求被调查者在规定的时间内填写问卷并寄回给研究者的方式。
- 专门递送式是研究者派专人将问卷送给调查对象，等被调查对象填完后，再派专人回收的方式。
- 集中填答式是研究者亲自到被调查者的单位，将调查对象集中起来，由研究者向调查对象说明调查目的和填写要求，被调查对象即时填写后，由研究者回收问卷的方式。

三种分发方式的优缺点如表3-2所示。

表3-2　三种分发方式的优缺点比较

特点\类型	邮政投递式	专门递送式	集中填答式
调查对象	有一定的控制和选择	可控制选择但过于集中	可控制选择且更加集中
调查范围	较宽	较窄	较窄
影响回答因素	难以了解控制和判断	易受互相询问的影响	易受研究者的影响
回收率	30%~60%	90%	100%
有效率	一般	较高	很高
回收时间	较长	较短	很短
费用	较高	较低	高

网络上有一些网站提供免费的网络问卷制作功能。如有兴趣，你可以搜索获取相关信息。

除了以上三种方式，通过网络发放问卷正日趋流行。基于网络的在线问卷调查具有发放简单、方便统计、降低费用等诸多优点。通常，为了取得较好的研究效果，可以综合使用上述多种方式发放问卷。

3. 问卷的回收与审查

问卷回收后必须进行认真的审查，将一些回答不完整、不按要求作答的问卷剔除，不列入数据整理加工范围，以免影响研究的可靠性和准确性。

扩展阅读

台湾学者林振春提出的良好问卷十标准

（1）问卷中所有的题目都和研究目的相符合，亦即题目都是测量所要调查的选项。

（2）问卷能显示出和一个重要主题有关，使填答者认为重要，且愿意花时间去填答，亦即具有表面效度。

（3）问卷仅在收集由其他方法所无法得到的资料，如调查社区的年龄结构，应直接向户政机关取得，以问卷访问社区居民是无法得到的。

（4）问卷尽可能简短，其长度只要足以获得重要资料即可，问卷太长会影响填答，最好不超过20分钟。

（5）问卷的题目要依照心理的次序安排，由一般性至特殊性，以引导填答者组织其思想，让填答具有逻辑性。

（6）问卷题目的设计要符合编题原则，以免获得不正确的回答。

（7）问卷所收集的资料，要易于列表和解释。

（8）问卷的指导语或填答说明要清楚，使填答者不致有错误的反应。

（9）问卷的编排格式要清楚，翻页要顺手，指示符号要明确，不至于有瞻前顾后的麻烦。

（10）印刷纸张不能太薄，字号不能太小，间隔不能太小，装订不能随便，要符合精美原则。

（摘编自：林振春.社会调查.台北：五南图书出版公司，2002）

五、常用研究方法：访谈法

（一）访谈法及其分类

访谈法是通过与研究对象交谈收集所需资料的一种研究方法，适合对事物进行深入研究。与日常对话相比，访谈法具有明确的目的性和操作步骤。

由于直接面对受访者，研究者可以根据实际情况及时调整访谈内容，因此，访谈法具有较好的灵活性和适应性。但相对问卷调查法，访谈法一次面对的调查对象范围比较窄，花费的精力也比较多，因此更多用于个别化研究。

根据受访者的人数划分，访谈法可分为个别访谈和集体访谈。个别访谈通常只有一名受访者，两个人就研究问题进行交谈；而集体访谈可以有5~7名受访者。由于人数太多访谈难以控制，因此集体访谈的受访者一般不超过10名。

（二）访谈法的实施步骤

1. 准备阶段

（1）确定访谈时间和地点。一般来说，为了表示对受访者的尊重，以及使受访者感到轻松自在，访谈时间和地点应该尽量以受访者方便为主。如果研究者和受访者是老师和学生，那么只要访谈时间不与学生上课、考试等活动发生冲突就行。

（2）协商有关事宜。为了与受访者建立良好的关系，消除受访者的思想顾虑，在访谈开始前，研究者就应该向受访者说明访谈目的，并向受访者说明访谈语言的使用、交谈规则、自愿原则、保密原则和录音等问题，以确保访谈的顺利进行。

（3）设计访谈提纲。访谈提纲在访谈过程中起提示作用，它应该包括研究者通过访谈想了解的主要问题和应该覆盖的内容范围，以防漏掉重要内容。

2. 访谈阶段

（1）提问。访谈中的提问方式受很多因素影响，如问题的性质、受访者的特点以及访谈的情景等，研究者应该根据具体情况采用。

为了确保答案所包含的多种可能性，防止对受访者的误导，研究者应尽量使用开放性问题。开放性问题指的是没有固定答案的问题，允许受访者做出多种回答，如"您对……有什么想法？……是怎么实施的？你们为什么做……？"等；相反，封闭型问题是指那些对受访者的回答方式和回答内容有严格限制的问题，其回答往往只有"是"与"不是"，如"您同意……的做法吗？其他人是不是也对……感到满意？"

为保证访谈的客观性，避免造成受访者理解和回答困难，提问应尽可能清晰、具体。如"你们在一起的时候都做了什么？是谁提出的？"就比"你们是怎么交流的？"要更具体，受访者对这类问题也比较容易回答。

访谈具体形式应因人、因环境而异，不必拘泥于同一种程式，也不必强行按照访谈提纲的语言和顺序提问。

访谈过程可用笔做记录，也可以采用录音方式。如需录音，应先获得受访者同意。

除了上述内容，提问还应注意顺序。一般按照由浅入深、由简入繁，或者按照问题的逻辑性或事情发展的顺序来问。而且问题的过渡要自然，可以用"您刚才说到……那么我想了解……"类似的句式，使问题导入自然。或者以受访者之前所谈内容的某一点作为导出下一个问题的契机。

（2）倾听。在访谈过程中，"听"也是非常重要的工作，只有用心地倾听对方，才能够听出受访者的"言外之意"，真正理解对方。除了用心倾听，访问者还要做到以下两点：

- 不轻易打断受访者的谈话。不轻易打断受访者，也是尊重受访者的表现，这有利于维持良好的访谈气氛。在访谈过程中，研究者可能会认为受访者的谈话跑题了。但是，被访者的表述一定有自己的目的，认为有必要说出来，而且，受访者谈话的内容即使与研究主题无关，也有利于我们理解受访者，进而对其访谈内容进行解读。因此，我们应该耐心倾听，等待时机，在对方谈话告一段落后再进行提问。
- 理解沉默：沉默的原因有很多，如无话可说、不好意思、回避问题和进行思考等。如果已经与受访者建立了良好的研究关系，访谈进行比较顺利的时候，受访者忽然沉默下来，那他（或她）很可能是在进行积极的思考，我们应该耐心等待。如果对方长时间保持沉默，我们可以适当地询问对方："请问您在想什么？"轻易打破沉默，有可能会打乱对方思路，不利于访谈的深入进行。

（3）回应。适时的回应有利于维持访谈的良好氛围，建立研究者与受访者的对话关系。我们可以适当地使用"是"、"对"等简单的言语，或者点头、微笑等方式鼓励受访者继续发言；也可以通过重复、重组受访者，或者对其谈话内容进行简短总结，来确认自己的理解，并鼓励对方继续发言；此外，适当的自我暴露，针对受访者所谈内容就自己有关的经验和体验做出回应，如"我也曾经有过这种经历"，也有利于拉近与受访者的距离，使访谈过程更加轻松，但是这种自我暴露要注意时机，以免喧宾夺主。

除了上述问题，如果是集体访谈，研究者还必须注意把握好访谈主题，做好受访者之间的协调工作，保持受访者民主、平等对话。

3. 结束阶段

（1）访谈结束时间。访谈时间应该根据访谈实际情况而定，如果受访者面露倦容，访谈节奏变得有些拖沓，那么就应该结束访谈。一般情况下，根据受访者注意力维持的时间，访谈不应超过2小时。

（2）访谈结束方式。尽可能以一种轻松、自然的方式结束访

进行回应的时候应该注意，不管你是否同意受访者的说法，都应该避免对对方的谈话进行随意评论。

谈。研究者要向被访者的合作表示感谢。研究者可以用委婉的方式暗示被访者结束谈话，例如："我想了解的就是您之前说的那些内容"，"您还有什么想说的吗？"或者不用语言暗示，只做出访谈结束的姿态（合上记录本，整理访谈设备）；如果此时被访者仍就某个问题兴致很高地发表意见，即使内容已无关紧要，研究者也应该耐心听完，这是对被访者的尊重；如果被访者在结束阶段表现出疲劳、厌烦（说话变迟缓、语调降低、频繁看时间等），研究者也应该适时结束谈话。

（三）访谈法应该注意的问题

（1）在制定访谈提纲时，问题要紧紧围绕研究目的设定。设计的问题要通俗易懂，尽量口语化，让不同层次的人都能准确理解。同时，问题的性质要尽量中立，以保证获得被访者的真实想法。

（2）与受访者建立良好关系是保证访谈顺利进行的基础，因此要注意保持自然、亲切的态度，诚恳有礼，尊重受访者。

（3）让受访者了解访谈目的，受访者对访谈的内容和价值越了解，态度就会越积极。

（4）要严守自愿原则和保密原则，消除受访者顾虑。

六、常用研究方法：观察法

观察法指研究者按照一定的计划，为实现一定的研究目标，对研究对象进行系统、全面的观察，从中收集各种现象资料，并进行分析研究的方法。

（一）观察法的分类

观察法根据研究对象是否受控，分为实验室观察和实地观察。
- 实验室观察指的是通过摄像机、显微镜和录音设备等实验观测仪器，在实验室或受控环境中对研究对象进行观察的过程，常用于自然科学研究。
- 实地观察则是在自然环境下对正在发生的事情进行观看、倾听和感受的活动。

（二）观察法实施步骤

与日常生活中的观察方式不同，科学研究中的观察法具有明确的目的性和计划性。观察法主要有以下步骤。

（1）观察研究设计，明确观察目的和任务，确定观察对象的总体和样本，选择观察方式，制订观察计划和预期成果。

（2）按计划实施观察，并做观察记录。
（3）整理观察结果，及时对有关资料进行统计处理。
（4）分析资料并撰写观察报告。

（三）使用观察法的注意事项

（1）制订观察计划，尽量形成文字方案。
（2）持客观公正的立场，不能凭个人好恶。
（3）看到事物的各个方面，不能片面和简单化。
（4）认真仔细，不能浅尝辄止。
（5）随时记录，尽量详细。

扩展阅读

如何制订观察计划

观察问题确定以后，我们可以着手制订一个初步的观察计划。一般来说，观察计划应该包括如下几个方面。

（1）观察内容、对象、范围：我计划观察什么？我想对什么人进行观察？我打算对什么现象进行观察？观察的具体内容是什么？内容的范围有多大？为什么这些人、现象、内容值得观察？通过观察这些事情我可以回答什么问题？

（2）地点：我打算在什么地方进行观察？观察的地理范围有多大？这些地方有什么特点？为什么这些地方对我很重要？我自己将在什么地方进行观察？我与被观察的对象之间是否有（或有多远的）距离？这个距离对观察的结果有什么影响？

（3）观察的时刻、时间长度、次数：我打算在什么时间进行观察？一次观察多长时间？我准备对每一个人（群）或地点进行多少次观察？我为什么选择这个时间、时间长度和次数。

（4）方式、手段：我打算用什么方式进行观察？是隐蔽式还是公开式？是参与式还是非参与式？观察时是否打算使用录像机、录音笔等设备？使用（或不使用）这些设备有何利弊？是否准备现场进行笔录？如果不能笔录怎么办？

（5）效度：观察中可能出现哪些影响效度的问题？我打算如何处理这些问题？我计划采取什么措施获得比较准确的观察资料？

（6）伦理道德问题：观察中可能出现什么伦理道德问题？我打算如何处理这些问题？我如何使自己的研究尽量不影响被观察者的生活？如果需要，我要怎样帮助他们解决生活中的困难?这么做对我的研究会有什么影响?

(摘编自:陈向明.质的研究方法与社会科学研究.北京:教育科学出版社,2006)

七、常用研究方法:个案研究法

(一)个案研究法及其特点

个案研究法,也称案例研究法,是对单一的研究对象进行深入、具体研究的方法。个案研究的对象可以是个人,也可以是个别团体或机构,还可以是一个事件或者一个过程等。个案研究一般是对研究对象的一些典型特征作全面、深入的考察和分析。

一般来说,个案研究具有以下特点。

(1)个案选取具有典型性。由于个案研究法选取的研究对象比较少,为了使研究结果具有可推广性,因此,个案的选取必须具有典型性和代表性。例如我们研究大学教育质量,可以选择在一所公认的重点大学进行研究,如果研究结果显示,该大学的教育质量不高,那么,我们可以谨慎地推论,其他大学的教育质量也值得推敲。

(2)研究内容的深入性和全面性。个案研究的对象单一,研究时间充裕,因此应更加侧重于对个案的深入、全面研究,以便对个案有充分的理解,并深挖问题。其研究内容可以是个案的现在,也可以是过去,还可以追踪个案的未来发展。个案研究可以做静态的分析诊断,也可以做动态的调查或跟踪。例如,对一个学习后进生的研究,往往需要从多方面加以考察,诸如学生学习的智力因素和非智力因素,原有的知识基础和学习方法,以及教师的教学和家长的辅导情况。还要进行前后左右的对照和比较。这样就可以对该生进行比较全面而深入的了解和认识。

(3)研究方法的多样性和灵活性。个案研究法不是完全独立的研究方法,由于需要搜集个案方方面面的资料,全面把握个案的发展变化规律,所以需要根据实际情况,综合应用多种方法,如我们前面介绍的问卷调查、访谈、观察等。

(二)个案研究法的实施

(1)制订个案研究计划。研究设计除了包括研究背景、目的和意义的阐述外,为了保证研究具有可行性,还需确定研究的角度,选择研究对象和范围,明确研究方法,进行结果预测等。

(2)搜集资料。个案研究的有效性是建立在大量资料基础上的,除采用多种研究方法,资料的搜集还需要研究者具备开放的研究态度和敏感的研究触觉。个案研究的对象处于复杂的现实环境中,涉及大量的相关变量和干扰因素,只有保持开放的态度和敏感的研究触觉,才能够透过大量的数据资料,寻找到重要的研究线索和关键的研究因素,触摸到研究问题的本质。

(3)分析研究资料。个案研究搜集到的资料往往量多而且零散,很难直接用于解释问题,因此还需要对其进行解读、加工,按照一定的逻辑组织起来。

(4)撰写研究报告。完成了以上各个步骤后,研究者已经对所研究的个案有了理性的认识,可以开始撰写研究报告。个案研究报告一般包括:研究对象的基本情况、研究的目的与内容、过程与方法、研究结果等。

扩展阅读

个案研究报告:一个准贫困家庭的个案分析

一、准贫困家庭个案分析的意义

在本次调查中,我们把收入介于贫困家庭和中等收入家庭之间的家庭称为准贫困家庭。顾名思义,此类家庭不算贫困但却时时受到沉重的经济负担带来的压力。分析此类个案可以较清楚地反映出目前城市中这些人群的生存状况、精神状态、心理特征等,以及他们在剧烈的社会转型、社会变迁时期面对纷繁复杂的社会现象及社会事实时所产生的想法和看法。他们的生存状况反射了这个转型时期的矛盾和普遍特征,从分析中我们能够窥视下等阶层之一斑,从而为我们社会的发展和政策制定以及问题解决提供可靠的事实依据。

二、个案的基本情况

C8,调查对象W2,女,31岁,初中文化程度,目前没有工作,在家开了一个小杂货商店,实际上店里没有什么货物。以前在娘家有份工作,等嫁到这边来的时候工作便辞掉了,小店月收入百元左右。其配偶W1,33岁,在铁路上工作,工作是顶替父亲的,月收入1000元。W夫妇有一对双胞胎女儿,年龄为4周岁。他们的住房大约60多平方米,是铁路职工分房,结婚以后公公婆婆便把房子让给了他们,他们居住的S街道属于H市的一个老厂区,基本上他们的收入都低于该市的其他区域,户主家里电器设施包括电视、冰箱、空调等。

C9,调查对象L,女,29岁,下岗工人,初中文化程度;丈夫Z,32岁,是纺织厂职工,初中文化程度;其子5周岁,在幼儿园上中班。家庭经济来源主要是丈夫的工资收入，大概每月800多块钱，住房为一室一厅，大约有50平方米，他们又在外面盖了两间平房以供出租，每月可以收取200元的房租，加起来月收入总共1000元，家里有电话、电视等。

三、个案分析

（一）生活现状分析

准贫困家庭在H市是常见的，他们有一定收入不为温饱问题而发愁，但却为了更好的发展而忧虑，这类人脱离于生活的限制，可是一旦有什么大的变动和灾祸他们又即刻陷入困境。C8中，W2说，"我们家里的收入低，每个月收入1000块左右，家里的房子虽然是福利分房，可也要拿个三四万块去买，买房子的钱都是借的，欠一屁股的债。结婚第二年就有小孩了，孩子小时奶不够吃，全得靠奶粉，买奶粉的钱也都是借的，现在还钱也是困难的，再节省，再节省，两个小孩每个月吃奶也得200多元，现在小孩子上幼儿园，每个学期都得交400多块的学费，除上除下每个月只有二三百块钱的生活费，小孩子有时还需要点零食搭搭……"从话中我们可以得知，此类家庭很容易陷入困难，如果孩子大了，上小学、上中学乃至大学，双胞胎带给他们家的不仅有欢乐也有负担。

（二）准贫困原因分析

准贫困家庭我称为"贫而不困"，意即他们虽然相对贫穷但还不至于像贫困家庭那样陷入困难的、举步维艰的境地。造成这种家庭出现的局面既有内在原因，也有外在原因，从C9的女主人翁叙述中我们可以得出总结：

"我在家感觉好累，精神上好累，常想天上下钱就好了，有时也怪自己，自己怕累，太累的活自己又不想干，因为又要带小孩做家务。去年我也一直找工作，可是经常碰壁，想在商场、超市做个营业员，老板又不给我们面试机会，嫌我们年龄太大了。去年到空调城应聘，说我是初中文化程度，又不给面试，他们要高中以上文化的。其实不管什么文化程度，有能力就行，人家外国不就是比较注重能力，外国老板都是白手起家一步一步爬上来的，中国不是搞改革吗？为什么不学这一套呢？我觉得中国就缺少这些东西……"

显然女主人的话道出了三个层次上的原因：第一，制度上的缺失。中国改革开放这么多年，国有企业的改革虽然有成功之处，但也有失败的地方。工人下岗不能再就业导致了他们的收入锐减。第二，社会的歧视。改革多年，西方先进的东西在我们"解放思想、实事求是"大潮中吸取了很多，但是有些先进的东西在中国遇到阻碍。中国一贯注重面子上的东西，如外貌、文凭、证书，而不重视能力，这对三十多岁的人尤其不利，他们与二十多岁的人相比不具备年龄优势，这使他们的再就业处于不利地位。第三，个人的原因，诚如她所言，自己不愿干太累的活儿，这种定位使得他们在找工作时人为地为自己设置了一个障碍，找不到工作就没有收入只能靠丈夫的收入维持着生活。

（三）准贫困家庭的医疗保险分析

随着社会的发展，人们的风险意识、社会保障意识日益增强，准贫困家庭的保险意识和愿望也是如此。C9这样说："我们没有参加医疗保险，没有钱啊，经济条件跟不上，连基本的生存都有问题，哪还有钱买保险呢？虽然自己也想到这个问题。"可见，准贫困家庭的观念也是较为强烈的，只是物质条件限制了他们的需求，根据马斯洛的需要五层次理论，此类家庭在生存的基础上也想到了更高层次的需求。换一种角度，中国的社会保险的覆盖面仍然是极为狭窄的，不但不能包括农村人，而且城市的下岗、失业工人的保险也不能解决，它的作用仍然是小的，有待于进一步发挥。

（四）准贫困家庭的心态分析

1. 相对剥夺感

作为社会的中下层或下层，他们身处的社会环境是如此之复杂，他们占有极其少的社会资本和社会资源，在社会网络中处于边缘位置，与其他相对富裕的人或有权势的人一对比，他们就在心里产生了一种相对剥夺感。C8说，"我们双胞胎孩子交学费没有钱，和幼儿园领导说了分期交，领导同意了，我让孩子他爸去交，我不好意思，总觉得丢人，人家有钱的都是一下子交齐……"

2. 不平等心理

在社会利益重新分配的过程中，此类家庭由于不处于既得利益的范围，也没有一种优势去获得资源，因此他们是利益分配的未获益者或曰囊中羞涩的守望者，与那些获得利益者相比，在他们看来，这些人是运用了某种权力或通过不正当手段而获得的利益，于是引起了他们心理的某种厌恶或不平等。C9说："公务员拿钱真叫多，厂矿只是长一点（工资）意思意思。我们娘家儿子当交警，一个月两三千，很辛苦，钱很多。工厂里一般都少于一千，除非干部拿一千多块，真是悬殊太大了。我觉得都是在五星红旗领导下，贫困的到悬崖里喝稀饭，富的一天就能吃穷人一个月的，悬殊太大了，这是个普遍现象，很正常，但也有不正常的，百姓嘴里不说，心里不舒服。"

（五）准贫困家庭的下一代教育分析

1. 崇高的教育期望

准贫困家庭徘徊在生活的十字边缘，他们的现状决定了他们这些人，只能够做什么而不是想做什么，历史和现实的限制并没有熄灭他们心中的希望之火，他们再也不希望他们的过去和现在是孩子的将来，于是将全部心血浇灌在孩子的身上，希望儿女能够接受良好的教育，改变目前的状况，将来能够上好高中、考好大学实现人生理想。这反映了这一代父母们最纯真、最朴素的愿望，再苦也不能苦孩子，再穷也不能穷孩子的教育。C8说，"日子是要过下去的，但都得算着过。自己最大的愿望就是让孩子上好学……"

2. 教育期望与现实的偏差

他们的教育期望是一种很美好的向往，但在现实生活中他们也得面对现实。①教育经费的筹集。现在小孩子上学越来越贵了，现在上幼儿园交学费已经很困难，到后来上大学呢？这么昂贵的学费如何交得起？②期望≠美好的结果。准贫困家庭往往把生活的重心都放到了孩子的教育上面，他们甘愿舍弃一切而求得"望子成龙、望女成凤"，这无异于赌博压宝一样，一方面让孩子们感觉到了巨大的压力，产生了各种各样的效果；另一方面，如果压得正确他们满足了自己多年的心愿，如果压错了呢？答案很难设想。

四、结语：准贫困家庭明天的眺望

海明威曾说过，太阳依旧明天从东方升起。日子总得要过下去的，准贫困家庭对未来有一种美好的憧憬，他们希望也相信在各方面的努力下，"可能未来的生活会好一些吧！"（C8主人翁原话）。我们也有理由相信，在各级政府的关注下，在准贫困家庭的自身奋斗下，他们能够克服目前存在的种种困难，最终过上自己心中理想的生活。我们深深地祝福他们在未来的生活中永远阳光灿烂，心想事成！

（摘编自：个案研究实例，http://adshxzhong.spaces.live.com/blog/cns!57BE2290E7891AC!1187.entry）

八、常用研究方法：行动研究法

（一）行动研究及其特征

关于行动研究目前还没有一个统一的定义，如："行动研究法是由社会情境（包括教育情境）的参与者进行的一种自我反思的研究方式"；"行动研究法是实际工作者为研究自己的实践所进行的一种研究方式。"（S. 凯米斯，1994）。虽然定义不同，但其中的内涵大致相同，综合起来，行动研究具有以下三个特征：为行动而研究，在行动中研究，由行动者研究。

- 为行动而研究，指出了行动研究的目的，它不是为了构建学术理论，而是为了解决实践中的问题，具有实用性；
- 在行动中研究，指出了行动研究的方法，即实践者解决问题的过程，包括发现问题、分析问题、形成策略、实施策略与效果反思。
- 由行动者研究，道出了行动研究的主体，即实践工作者。由于行动研究强调有实践工作者参与研究工作，投入研究过程，因此特别适合在职人员使用。

（二）行动研究实施步骤

行动研究有多种模式，在具体的实施步骤上也存在一些差异，但基本都包括以下四个环节。

（1）计划。计划阶段主要任务是明确问题、分析问题和制订行动方案，它以大量事实和调查研究为前提。此阶段要求研究者通过调研弄清楚：

- 现状是什么？为什么会如此？
- 存在哪些问题？关键问题是什么？它的解决受哪些因素制约？
- 哪些因素对问题的解决起关键作用？哪些因素是可以改变的，哪些是不可以改变的？哪些是可以通过创造条件改变的？
- 创造怎样的条件，采取哪些措施有助于改进？
- 什么样的设想才是最佳的？从而制订行动方案，方案至少应该包括第一、二步行动。

（2）行动。即实施行动计划。行动计划的执行和实施具有灵活性。随着研究者对问题认识的逐渐明确，以及行动过程中各种信息的及时反馈，不断吸取参与者的评价和建议，对已制订的计划可在实施中修改和调整。

（3）观察。对行动过程、结果、背景以及行动者特点的考察。观察是反思、修订计划和进行下一步行动的前提。观察的内容有：

- 行动背景因素以及影响行动的因素；
- 行动过程，包括什么人以什么方式参与了计划实施，使用了什么材料，安排了什么活动，有无意外的变化，如何排除干扰；
- 行动的结果，包括预期与非预期的，积极和消极的。

（4）反思。反思是行动研究一个循环周期的结束，又是过渡到

提示

行动研究法要求研究者至少进行两轮以上"设计—行动—观察—反思"循环过程。

另一个循环周期的中介。此环节包括：整理描述，评价解释，写出研究报告。

- 整理描述，即对观察到、感受到的与制订计划、实施计划有关的各种现象加以归纳整理，描述出本循环过程和结果，勾画出多侧面的生动的行动过程。
- 评价解释，即对行动过程和结果做出判断评价，对有关现象和原因做出分析解释，找出计划与结果不一致的地方，从而对下一步行动研究做出修正和完善。
- 写出研究报告，行动研究的研究报告有自己的特色，可以撰写成通常的描述总结研究的报告，也可以编制一系列的个人叙述，或者让所有的参与者共同撰写研究故事，让不同的声音一起说话，让多元的体验相互交流。

扩展阅读

行动研究案例[①]

研究背景：长沙市一所普通初级中学初中二年级学生一个教学班共48名学生，使用人民教育出版社初中英语教材第二册。执教者为两位实习教师。

项目时间：2004年3～11月

发现问题：学生课堂表现比较被动，大部分学生参加课堂活动积极性不高。与我们所期待的相差太远。

提出假设：

（1）学生英语听力能力差，用英语授课，学生听不懂。

（2）学生不会用英语回答问题。

（3）学生担心答错了丢面子。

（4）长期养成的学习习惯使他们不积极参与。

初步调查：采用问卷的方式调查学生不积极参与课堂活动的原因。

调查结果：

（1）大多数学生表示对英语授课感觉不难（93%）。

（2）在自我评价中，仅有5位同学认为自己能比较主动地参与课堂活动，与我们所观察和感觉到的比较一致，占全班人数的10.4%。

（3）根据调查，只有5位同学表示他们不主动回答问题是因为怕说错。

---

① 该案例仅描述了一轮行动研究。

（4）半数以上的学生表示他们不主动回答问题是因为其他同学都没举手，担心自己与众不同，出风头，被别人冷落。

重新确认问题：大部分同学不积极参与课堂活动是因为来自同伴的压力。

行动方案设计：

（1）设计专门的课堂活动使学生通过活动更好地互相了解；

（2）活动中积极鼓励和表扬，帮助他们建立自信心；

（3）设计小组活动，开展竞赛，增进他们的团队精神和集体荣誉感。

行动计划：

（1）设计更多活动如角色表演，以便让学生能听懂彼此的对话，并且能用英语相互交流，而且根据特定的场景来做出快速反应。

（2）在学生参与活动前给他们足够多的时间组织语言准备，以确保交际正常进行。

（3）重新安排学生的座位以便让交际双方彼此交流起来更方便。

（4）将与话题讨论相关的短语和单词列在黑板上让学生学习和练习，以此帮助学生克服交际中的词汇障碍。

实施计划：

在实施计划中，由于种种原因，我们不得不对原计划进行了随机的修改和调整。

首先，我们对计划中一些活动进行了重新的设计，因为我们感到活动的内容与学生的生活和教材的内容有较大的差距。因此在活动的设计上我们采用了更加贴近学生生活的题材和有助于学生掌握课本中的语法和词汇知识的学习内容。

其次，由于期中复习和考试的原因，再加上"五一"放假，我们的研究计划不得不减少两周的时间，因此有些活动只能取消，我们采用"推测相似处"的活动方式，结合教材内容，组织了如下活动：有学生提名选定三对班级内的好朋友，每对好友先确定好自己的相似之处，其他同学两人一组，分别描述和推测这三队好友的相似之处，运用所学的语言点"They both..."和"They may both..."。在活动中，学生运用所学的语言表达自己的思想，推测和发现推测的结果，个个表现都非常活跃，教室里不断传来善意和会心的笑声。

此外，我们还组织了小组复述故事竞赛，将课本的故事改写用第一人称的方式进行复述，每个小组成员都要参与，可以有一定的创造，但要基本符合原意。只要复述得基本连贯，每人都可以为自己的小组挣得1分。活动进行中，学生表现得争先恐后，积极异常，气氛热烈。还有续写故事的活动等，都引起了很好的反响。

评价效果：

（1）课堂教学观摩。从观摩记录可以看出，学生从过去每节课仅有五六名学生发言，到后来十几个，二十几个。把全班的气氛都带动起来了。语言水平稍差的学生也开始主动要求朗读课文，而语言水平较好的学生在竞赛中则大显身手。

（2）问卷调查。调查表明76%的学生认为课堂学习气氛比以前更加轻松和活跃。80%的学生认为课堂活动起到了加深同学间相互了解的作用。85%的学生认为这些活动缓解了他们在同学面前回答问题的紧张情绪。

（3）教师日志。在我们的日志中，记录了很多同学参与课堂活动的事例，特别是我们注意到班级里几个特别腼腆的同学在后来也开始争取发言的机会了。

教师反思：

通过收集的数据，可以看出我们的行动研究方案取得了比较令人满意的效果，课堂参与活动的学生人数大大增加了，课堂气氛更加轻松、和谐，师生关系也更加融洽。但是，我们的计划也存在一些不足，我们发现由于大多数活动采用的是口头汇报的形式，无法给学生留下很深刻的印象。如果我们能够在活动结束后，让学生把自己的"创作"做成墙报或小册子等书面形式，效果一定会更好。我们的体会和大多数教师是一样的，我们恐怕都有类似的经历，教学中遇到问题时，查找各种资料也找不到实际可行的、有效的解决办法，总觉得人家的研究成果与自己的不怎么相关。与其抱怨，不如自己积极着手解决自己教学中所存在的问题。对教师来说行动研究是最切合实际、也是最实用的一种研究方法，它不仅能改进教学，还能促进教师的自身职业素养的提高。

（摘编自：行动研究案例，http://blog.sina.com.cn/s/blog_5e420eed0100d6jz.html.）

九、常用研究方法：实验研究法

实验研究是指根据研究目的，运用一定的手段，主动干预或控制研究对象，在典型的环境中或特定的条件下进行的一种研究活动。实验研究主要由实验者、实验对象和实验手段三部分组成。

（一）实验研究相关概念

要了解实验研究法，首先要弄清以下几个概念。

（1）常量。是在研究过程中不变的条件，常指研究中所有个体都具有的条件和特征。例如：

在比较两种不同教学方法对五年级学生学习效果的影响研究中，年级水平就是一个常量，因为五年级这一特征对每个个体都是相同的。

（2）变量。变量可分为以下三种：

- 自变量又称实验变量，指由实验者设计安排的，人为操纵控制的，有计划地变化的实验情境或条件变量；
- 因变量又称反应变量，随着自变量变化而变化的，是实验者需要观察、测量、计算的变化因素；
- 干扰变量。除了自变量之外，还有一些影响因变量的干扰因素，它使实验者无法对所得结果做出正确的判断和解释，是实验研究中应尽量排除的因素。

例如：在比较两种不同教学方法对五年级学生学习效果的影响研究中，不同的教学法（如讲授法、案例教学法）就是实验变量，它是由实验者操控的，因变量是学生成绩，它是随着自变量变化而变化的。

（3）假设。即研究假设，是根据一定的观察事实和科学知识，对研究的问题提出假定性的看法和说明。通常假设由实验的常量、自变量与因变量组成。例如：在五年级（常量）中，使用讲授法（自变量）比使用案例教学法（自变量）更能提高学生成绩（因变量）。

（二）实验的基本模式

（1）单组实验。指同一个实验变量只对同一个（或组）实验对象施加作用，然后测定对象产生的变化，以确定实验变量的效果如何。

单组实验通常采用前测与后测比较的方法来研究实验因素的效果。即在进行实验前先对实验对象进行测量（前测），在进行实验后，再进行一次测量（后测），对比前后测，得出研究结论。例如：

我们想分析经过主题讨论后，学生对某一事物的态度变化，那么我们应该先对学生的态度进行测量，然后进行主题讨论，讨论后再对他们的态度进行测量，如果有变化，则可以归结为实验变量，即主题讨论的效果。

（2）等组实验。以两个或以上条件相同的实验组为实验对象，使之分别接受不同实验因素的作用，然后对各个实验因素所产生的效果进行测量和比较。

等组实验最重要的条件是各组必须尽量相等。例如：

我们研究教师鼓励对初中生学习成绩的影响，可以对两个班级（同一年级，且成绩和表现相当）根据不同的实验因素（鼓励，不鼓励）施加刺激，然后对两个班级的成绩进行测量，如果存在差异，则是实验因素引起的。

（3）轮组实验。在不具备选择实验对象的条件下，我们无法进行等组实验，这个时候可以采用轮组实验，即把各个实验因素轮换作用于各个实验组，然后根据各个实验因素作用所引起的变化总和来决定实验结果。例如：

对两个条件不同的班级使用不同的教学方法（讲授法和案例教学法），取讲授法对两个班的平均效果，再测量案例教学法对两个班的平均效果，最后再对两种教学方法的平均效果进行对比，得出实验结果。

（三）实验效度的提高

为了提高实验的效度，在实验过程中，经常采用以下方法。

- 恒定法。在设计实验时，为了将可能影响结果的干扰因素排除在实验之外，可使之恒定。例如，考虑到实验结果会受到研究对象年龄的影响，可以只在某一年龄段内进行实验，排除年龄因素的干扰。但这种做法会限制实验结果的推论性，如上述研究的实验结果很难推广应用到其他年龄段。
- 纳入法。将影响实验结果的干扰因素当做自变量来处理。在上述例子中，除了使用恒定法，还可以把年龄当做自变量，按照不同年龄区间对实验对象进行分组，测量由于年龄差异而产生的变化，从而提高研究效度。
- 平衡法。将参加实验的受试者用随机抽样与随机分派的方式进行分组，使各组受试者所具备的干扰因素机会均等，从而相互抵消。
- 循环法。同一被试重复接受几种不同的实验条件。在各种实验条件下，被试个人条件因素基本不变，因此，可以认为被试个人条件因素对各个实验处理结果机会均等，从而排除干扰。

扩展阅读

认知风格对管理决策影响的实验研究

一、实验目的

本实验主要考察认知风格是否会影响企业管理者的决策。

二、实验方法

1. 被试

某公司高级主管培训班学员120名,自愿参加实验,视力或矫正视力正常。此前均未参加过类似实验。通过镶嵌图形测验筛选被试,得到实验被试人64人。其中,场独立型被试32人,场依存型被试32人。平均年龄为38.8岁。筛选被试:采用北京师大辅仁应用心理发展中心编制的《镶嵌图形测验》,对该公司前后三期的高级主管培训班学员进行了镶嵌图形测验和团体施测。共120名学员进行了测验,剔出无效问卷13份,得有效问卷107份。将测验得分从低到高排列,得分高的前30%的32人被确定为场独立型;得分低的后30%的32人被确定为场依存型。把所选两种认知风格被试的镶嵌图形测验成绩的平均数做t检验,结果表明两组被试的测验得分差异显著,$t(62)=14.181$,$P<0.001$,确保了所选取被试认知风格的典型性。

2. 实验设计

实验为单因素完全随机实验设计,场认知风格(场依存/场独立)为自变量,因变量为决策成绩。

3. 实验材料

(1)北京师大辅仁应用心理发展中心编制的《镶嵌图形测验》(简称 EFT)。EFT 由三部分构成:第一部分9道题,供练习用。第二、第三部分各有10道题,每题下面都标出要求找出的简单图形号码。简单图形共9个,要求被试尽快找出一个隐蔽在复杂图形中的指定简单图形。在时间限制方面,根据常模要求,成人团体每部分时限为4分钟,共12分钟。测验分数以第二、第三部分中正确画出指定的简单图形总数记分。每题一分,满分20分。为避免记分者误差,记分者由研究者一人担任,采用统一的评分标准,只有当被试画出的图形与指定的简单图形在大小、形状、指向上完全一致时才视为正确并得分。

(2)决策问题。在编制决策问题前,研究者查阅了大量的管理决策案例,根据本研究的需要以及参照其他有关研究文献,编制决策问题一、二。其中决策问题一主要涉及比尔食品公司如何处理产品出现劣质品影响问题,包括5个方面的因素:赢得了广大用户的理解和信任;减少经济上的损失;避免扩大不良影响;社会责任;品牌形象。决策问题二主要是昌盛粉末冶金厂在原材料价格上涨的情况下如何决策企业发展的问题,主要包含4个方面的因素:企业效果;企业联合与资源共享;避免扩大不良影响;富余人员的安置问题。

4. 实验程序

(1) 在最后一期高级主管培训班学员施测一周后,让筛选出的被试参加情景决策练习,将决策问题以书面形式分别呈现给被试。指导语如下:

请仔细阅读下面两段文字,并当一回企业的决策者,就上面两个企业目前面临的问题做出认真解答,以测试你判断、处理问题的能力。

(2) 被试做完案例分析之后将问卷交到实验者手中后离开。他们没有意识到前后两次的测验和练习有任何联系。

三、结果分析与讨论

(一) 结果分析

实验所有数据均用SPSS 10.0软件包进行处理,没有发现无效数据,结果见表1~表4。

对于决策问题一,结果见表1和表2。

表1 两种场认知风格对决策方案支持程度的平均数

变量	方案一	方案二
场独立型	4.0625	2.3125
场依存型	2.2500	3.8438

表2 两种场认知风格对各影响因素评价的平均数

变量	因素1	因素2	因素3	因素4	因素5
场独立型	2.8438	3.5313	3.6875	2.2188	2.8125
场依存型	3.6250	2.6875	2.6563	3.5313	3.5313

以决策成绩为因变量,对两种场认知风格进行两独立组的t检验,结果两种场认知风格在对方案一、方案二的支持程度上差异显著,$t(62)=9.1531$,$P<0.001$(方案一);$t(62)=7.1713$,$P<0.001$(方案二)。结果表明,场依存型更倾向于选择方案二,而场独立型更倾向于选择方案一。

分别以因素1、因素2、因素3、因素4、因素5为因变量,对两种场认知风格进行两独立组的t检验,结果均出现显著性差异,$t(62)=3.1357$,$P=0.001$(因素1);$t(62)=-3.1464$,$P=0.001$(因素2);$t(62)=-6.1358$,$P<0.001$(因素3);$t(62)=6.1272$,$P<0.001$(因素4);$t(62)=3.1175$,$P=0.002$(因素5)。结果表明,场依存型更加关注赢得广大用户的理解和信任、社会责任以及品牌形象等因素;场独立型更加关注减少经济上的损失、避免扩大不良影响的因素。

对于决策问题二,结果见表3和表4。

表3 两种场认知风格对决策方案支持程度的平均数

变量	方案一	方案二
场独立型	2.2188	3.7813
场依存型	3.4688	2.1250

表4 两种场认知风格对各影响因素评价的平均数

变量	因素1	因素2	因素3	因素4
场独立型	3.4375	2.7500	3.5938	2.1563
场依存型	2.5625	3.5625	2.5938	3.4063

以决策成绩为因变量,对两种场认知风格进行两独立组的 t 检验,结果两种场认知风格在对方案一、方案二的支持程度上差异显著,$t(62)=61434$,$P<01001$(方案一);$t(62)=-91085$,$P<01001$(方案二)。结果表明,场依存型更倾向于选择方案一,而场独立型更倾向于选择方案二。

分别以因素1、因素2、因素3、因素4为因变量,对两种场认知风格进行两独立组的 t 检验,结果均出现显著性差异,$t(62)=-31831$,$P<01001$(因素1);$t(62)=31486$,$P=01001$(因素2),$t(62)=-61013$,$P<01001$(因素3);$t(62)=51809$,$P<01001$(因素4)。结果表明:场依存型更加关注企业联合、资源共享和富余人员安置问题等因素;场独立型更加关注企业效益和避免扩大不良影响的因素。

(二)讨论

对于决策者认知风格的研究主要是关注认知风格与信息之间存在的关系。决策对于有效信息的依赖性同决策本身的复杂性和正确性成正比的关系,特别是在风险决策时,这种表现更为明显。获取有效信息的能力是非常关键的因素,而决策者的认知风格与信息的获取存在重要且微妙的关系。

场依存型、场独立型认知风格是指人们对于情景的依赖性和独立性。比如,如果将一组平行线放入大量的折线中,人们就会发生知觉的错位,认为两条平行线不再平行,这就是人们的视觉受到折线的影响结果,表明了人具有场依存的认知特征。虽然折线对于平行线的方位判断有同化作用,但是这个效应的大小因人而异。凡是视觉中受环境因素影响的属场依存型,凡是不受环境因素影响的属场独立型。场依存型、场独立型认知风格体现人的认知方式存在两种极端,不同的人会处在这两种方式之间的不同位置上。人们在研究这个问题时发现场依存型的决策者比场独立型的决策者更易于接受社会提供的信息，易受其他行为人的影响，并通过社会作为行为的参照点，由此做出下一步的行为决策；而场独立型的人不太依赖于外界环境，他们在对信息进行加工处理时，依据内在标准或内在参照。总的来说，本研究验证了这一结论，在两个决策问题中，场独立型被试都表现为更倾向于以企业的自身利益为权衡的方案，而场依存型被试则更支持以社会期望为出发点的方案。进一步分析发现，在对导致其做出决策的影响因素进行评价时，场独立型被试更加关注与企业自身有关的因素，比如企业的效益、经济损失、企业声誉等。而场依存型被试认为社会责任、员工的利益、广大顾客以及品牌等因素更重要。

总之，由实验的结果看可以得出，场认知风格对企业管理者决策有显著影响。场独立型认知风格更倾向于以企业内部条件为参照的决策方案，而场依存型认知风格则更支持以社会期望为参照的决策方案。对于决策问题一而言，正是由于场独立型对减少经济损失、避免扩大不良影响等关系企业自身因素的关注，导致其更支持方案一；而恰恰因为场依存型更注重社会责任、广大用户和品牌形象等因素，使其更倾向于选择方案二。而对于决策问题二来说，导致场独立型倾向于选择方案二的因素正是与企业自身息息相关的效益和声誉；而场依存型选择方案一也是基于其对企业外部信息的考虑和依赖。

（摘编自：林源，袁鑫. 认知风格管理决策影响的实验研究. 华北水利水电学院学报，2010（4）：57-59.）

专题回顾

① 研究方法指在研究中发现新现象、新事物，或提出新理论、新观点，揭示事物内在规律的工具和手段。确定一篇论文的研究方法，要从三个方面考虑：研究的问题、研究进度与研究者个人经验。

② "质"和"量"是科学研究的两个取向。"量的研究"是对事物可以量化部分进行测量、分析，以检验理论假设的方法。"质的研究"则是在自然情境下，通过研究者和被研究者之间互动，对事物进行长期深入细致的体验，然后对事物的"质"有一个比较整体性的、解释性的理解。

③ 常用的研究方法有文献研究法、问卷调查法、访谈法、观察法、个案研究法、行动研究法、实验研究法等。

我的论文进度

我的论文题目：_____
_____

我的研究方法：_____
_____
_____
_____

我的研究计划：_____
_____
_____

我想补充说明：_____
_____
_____
_____
_____
_____
_____

专题四 论文撰写

专题导读

作为研究工作的结晶，论文既是探讨问题进行科学研究的一种手段，又是描述科研成果进行学术交流的一种工具。论文如果写得不好，就无法全面、客观地反映作者的研究过程和研究结果。因此，论文撰写至关重要。这是对我们逻辑思维能力、语言组织能力的一次综合挑战。

本专题将围绕毕业论文的组成、毕业论文撰写过程及其注意事项进行探讨，并在最后介绍了论文抄袭的判定标准，以及如何利用"华师在线"毕业论文平台与指导老师进行交流。通过本专题的学习，希望能够减少你在论文撰写中的迷茫和困惑，祝你能够早日独立完成论文撰写工作。

 学完本专题，你将能够：

（1）列举学士论文的基本结构；

（2）合理安排你即将撰写的论文结构；

（3）运用所学知识进行毕业论文写作；

（4）熟练应用"华师在线"毕业论文平台与指导老师进行交流。

如果你对论文题目拟定还存在困惑，请回到专题一阅读相关内容。

如果你对资料检索还存在困惑，请回到专题二阅读相关内容。

一、论文组织结构

任何文章都有自己的结构，学位论文也不例外，本科学位论文的组成根据不同学校的要求存在差别，但基本的组成部分都包括：标题、目录、致谢、摘要、关键词、前言、正文、结论、参考文献。

- 标题是整篇论文的精神所在。好的标题能提携全文，表明特点，引人注目。
- 目录是论文正文前所载的目次，一般列出论文的各级标题，以及标题所在页的页码。
- 致谢用于感谢为论文研究提供帮助的个人或机构。
- 摘要是对论文内容不加任何评论和诠释的简短陈述，目的在于让读者尽快了解文章内容和思想。
- 关键词是对表述论文的中心内容有实质意义的词汇，一般3~8个。
- 前言又称导言、引言，它是论文的开头、引子，用于说明选题的背景、原因、意义和目的。
- 正文是论文的主体部分，是对研究过程和研究结果的详细论述。
- 结论是论文研究成果的简要概述，是整个研究过程的结晶，是全文的精髓。
- 参考文献是为撰写论文而引用或参考的有关文献资料列表，也是论文的重要组成部分。

二、论文撰写过程

论文的撰写过程包括撰写准备阶段、撰写论文初稿和论文修改定稿三个阶段。

（一）撰写准备阶段

在动手撰写论文之前，我们要做好写作前的准备工作，包括资料的收集与整理，论点的确立和论文提纲的编写。

（1）论点的确立。作者观点通常是在资料收集与分析过程中形成的。在论文撰写前，我们应该形成对论文论点的明确认识。论文论点确立后，根据论点确定各个部分的分论点，然后根据分论点筛选和分配材料，确定论文的结构和论述方式。

（2）编写论文提纲。论文提纲是作者对论文的整体构思和设计，是我们动笔撰写论文前的必要准备。毕业论文的撰写涉及大量材料，且层次较多，要求逻辑严密，条理清楚。一个好的论文提纲能够帮你从全局着眼，掌握全篇论文的基本框架，确保论文结构清晰，层次分明，内容完整。因此，论文提纲的撰写非常重要。

提纲的编写一般由大到小、由粗到细。先考虑全篇的安排：包括哪几个部分，用什么顺序来论述，从而搭好论文的大框架；大框架定好后，再考虑每部分的主要论点，以及所需论据。提纲写完后，还要仔细推敲和修改，看看各级题目是否恰当，各部分的划分是否合理，各层次、段落之间的联系是否紧密，过渡是否自然。最后，通过文字把提纲各部分内容概括出来，以便指导老师审阅。

根据所学知识，构思论文结构，撰写你的论文提纲。

（二）撰写论文初稿

完成论文提纲的编写后，你就可以根据提纲着手撰写论文初稿了。初稿的内容应该包括上面已经介绍过的标题、目录、致谢、摘要、关键词、前言、正文、结论和参考文献。下面，就标题外的各部分写作方法进行介绍。

1. 目录

目录一般在初稿完成后，利用Word软件自动生成。

信息岛

使用Word自动生成目录

目录的功能是列出论文的各级标题，以及标题所在页的页码。整齐的目录会给阅读者以耳目清新的感受。

很多学生对制作论文目录感到非常的头疼，其实Word已经具备了自动化生成目录的技术，而且操作起来非常方便。

第一步：应用标题样式。通过工具栏的样式下拉列表，设置第一级标题使用"标题1"样式，第二级标题使用"标题2"样式，第三级标题使用"标题3"样式。如果应用样式后的效果不符合你的要求或学院规定，你还可以通过菜单中的"格式"→"样式和格式"命令对这些样式进行修改。

第二步：生成目录。按论文格式要求，目录应放在正文前。我们可以在正文前插入一新页，并添加"目录"二字。接着，新起一段，通过菜单选择"插入"→"索引和目录"命令，接着选择"目录"选项卡，将"显示级别"设置为3级，确定后Word就自动生成目录了。

如果生成的目录中缺少了某些标题，肯定是这些标题没有使用标题样式或使用不当，你就要去正文中相应位置检查了。目录生成后，如果各级标题的文字或页码发生改变，只需在已生成的目录上右击，选择"更新域"→"更新整个目录"或"仅更新页码"命令即可。

2. 致谢

学士论文的完成需要很大的工作量，需要来自多方面的支持，特别是你的论文指导老师，以及其他为论文研究提供支持、协作和指导的个人和机构，如家人、朋友、同学、同事等。

对于这些个人和机构，应该在论文的致谢部分体现出来，指出他们的工作内容和贡献，并且通过这种方式表达你对他们的谢意。

3. 摘要

摘要是论文的独立单元，要求行文简短扼要，内容准确、精练，通常中文摘要一般字数为300~600字，英文摘要以不超过1000个字符（实词300个左右）为宜。摘要应具有独立性和自明性，并且拥有与全文同等量的主要信息，即不阅读全文，就能获得必要的信息。摘要不容赘言，故需逐字推敲。内容必须完整、具体，使人一目了然。英文摘要虽以中文摘要为基础，但要考虑到不能阅读中文的读者需求，实质性的内容不能遗漏。摘要的主要内容包括：

- 论文研究的目的与意义。
- 研究资料与方法。
- 主要研究结论。

论文摘要写作的注意事项

（1）摘要中应排除本学科领域已成为常识的内容。切忌把应在引言中出现的内容写入摘要，一般也不要对论文内容作诠释和评论（尤其是自我评价）。

（2）不得简单重复标题中已有的信息。比如一篇文章的题目是《几种中国兰种子试管培养根状茎发生的研究》，摘要的开头就不要再写："为了……对几种中国兰种子试管培养根状茎的发生进行了研究。"

（3）结构严谨，表达简明，语义确切。摘要先写什么，后写什么，要按逻辑顺序来安排。句子之间要上下连贯，互相呼应。摘要慎用长句，句型应力求简单。每句话要表意明白，无空泛、笼统、含混之词，但摘要毕竟是一篇完整的短文，电报式的写法亦不足取。另外，摘要不分段。

（4）用第三人称。建议采用"对……进行了研究"、"报告了……现状"、"进行了……调查"等记述方法，不必使用"本文"、"作者"等作为主语。

（5）要使用规范化的名词术语，不用非公知公用的符号和术语。新术语或尚无合适汉文术语的，可用原文或译出后加括号注明原文。

（6）除了实在无法变通以外，一般不用数学公式和化学结构式，不出现插图、表格。

（7）不用引文，除非该文献证实或否定了他人已出版的著作。

（8）缩略语、略称、代号，除了相邻专业的读者也能清楚理解的以外，在首次出现时必须加以说明。科技论文写作时应注意的其他事项，如采用法定计量单位、正确使用语言文字和标点符号等，也同样适用于摘要的编写。

4．关键词

关键词是为了便于读者选读和检索文献，从论文标题或正文中选取出来的单词和术语。毕业论文的关键词一般为3~8个。

关键词是能反映文章特征内容，通用性比较强，有现实意义的比较重要的词汇。"研究"、"问题"、"概述"等空泛的通用词不作关键词。另外，要避免把关键词写成句子、短语。比如，题目为"我国大学生职业生涯规划与就业问题研究"的论文关键词可以取"大学生"、"职业"、"规划"、"生涯"、"就业"。

关键词作为论文的一个组成部分，列于摘要之后，关键词之间用"；"隔开，并要求书写与中文对应的英文关键词。

5．前言

前言的主要目标在于说明研究的缘起和意义，主要内容有：

（1）说明本研究的重要性，为什么要做这项研究；

（2）前人在这方面的研究情况和进展，存在什么问题；

（3）本研究的目的，采用的方法，希望解决什么问题，有什么意义。

此外，还可以根据需要在前言中增加历史回顾和背景材料，研究所涉及的问题分析和工作范围，运用到的基本原理和原则，以及实验的材料和资料等方面的内容。

前言部分的长短取决于题材与研究的形态。毕业论文的前言可以写得详细一些，但要求行文简洁，开门见山，不要绕了一个大圈子，意思还没说出来。也不要长篇大论地谈自己的感受，更不要自吹自擂，夸大研究意义，避免使用"国内外领先"、"填补了×××的空白"、"构建了×××的理论体系"等自夸之词。更不能贬低别人成果，抬高自己。

6．正文

正文占整篇论文大部分的篇幅，用于阐述研究过程和研究成果，是论文的核心部分。它必须包括以下三个方面内容：

提示

不要在论文开头罗列一大堆伟大的理论，但到了正文，却都不见了踪影。

（1）论点陈述。陈述论文的论点要明确，使人一目了然。通常采用的方式有假设陈述式、特征概括式以及肯定陈述式。

（2）论据铺陈。包括本研究的理论依据、研究方法以及数据的处理等。

（3）论证展开。根据不同途径获得的论据，对前面提出的论点加以论证。用材料论证观点时，可以采用并列式、递进式、混合式等。

- 并列式指各个论据间的关系是并列的，是围绕一个中心论点，把若干有关论据分类排列，逐一论述。
- 递进式中，各个论据间的关系是递进的，它们的位置不能互换，论证时步步紧逼，直到得出结论。
- 混合式指交叉使用并列式和递进式，可以以"递进式"为主，在论述的过程中局部采用"并列式"；或者以"并列式"为主，局部采用"递进式"。

撰写论文时，要正确处理好论点和论据的关系，论点为轴心，用论据说明观点。切勿只限于表述自己的观点，缺乏科学的依据；也不要大量罗列材料，平铺直叙，没有重点，也看不出论点是什么。

此外，只堆砌材料，不加分析，也是研究者常犯的毛病，必须引起警惕。要做到细致入微的分析，你必须对研究问题十分清晰，并能够驾驭材料，透过现象看本质。相反，如果只有分析，没有材料，则成为了主观臆断和空中楼阁。这样的观点是站不住脚的，也是空洞的，会流于意识形态而没有说服力。

7. 结论

结论是在理论分析与实验结果的基础上，经逻辑推理而得出的最终结果，是对正文部分的主要观点所做的科学概括。在结论中，还可以增加尚待解决的问题和研究展望。切忌将结论写成正文各段小结的简单重复，也不能是谈几点体会，或者提几句口号。

结论应该突出新发现，用词应严谨、精练、明确，不能用"可能"、"大概"等模棱两可的词汇。

例：……通过本研究发现，学习者的努力程度（成功的信念、平时的努力和坚持的毅力），入学时的专业基础与预备技能，经济负担三个因素对远程学习者完成学业具有重要影响，尤其是学习者的努力程度是取得学业成功的关键。

如果结论中包含建议，注意一定要有的放矢，不要提出没有证据支持的建议，不要说大话，说空话，不要过度推演。

8. 参考文献

参考文献是和论文有关的重要文献，一般附于论文的篇末。每一个研究都应该是站在前人工作基础之上，所以，撰写论文时如果参考、引用了别人的材料，应注明出处，这是尊重他人劳动成果的表现，也是一个研究者严谨学术态度的体现。

写论文的时候，如果引用了别人的原话，应该加上双引号；如果引用的是别人的原意而非原话，也应该客观说明并列出参考文献。切忌把他人的"原意"当做自己的观点。

严格来讲，学术论文的文末参考文献必须与正文中引用情况一一对应，这样才能方便读者找到进一步阅读的线索。参考文献撰写的具体规则在后面专题五中将详细介绍。

根据论文提纲，撰写论文。

（三）论文修改定稿

论文初稿完成，仅是万里长征的第一步。好的文章需要不断地自我否定，不断地修改、凝练。

修改论文，主要从以下四个方面着手：

（1）修改观点：观点是论文的价值所在，要求必须正确、鲜明、深刻、新颖。因此，修改论文的时候，首先要反复斟酌中心论点和若干分论点，一旦发现问题，及时修正。

（2）修改材料：材料是论文必不可少的部分，材料翔实，论据充分，论文才有说服力，因此，修改论文的时候必须对所用材料的真实性、可靠性进行进一步核对，一旦发现材料失误、失实，应进行删除或改写。

如果材料太少，就应该增加新材料；如果材料太多，淹没观点，则应该对其进行删减；如果材料使用不当，则应该用更具代表性、典型性的新材料替换旧材料。

（3）调整结构：检查论文结构是否合理，主次安排是否得当，逻辑结构是否严密，各部分之间的联系是否连贯，前后是否呼应。对结构不合理的地方进行调整。

逻辑性是学术论文的重要评价指标之一。一篇文章的逻辑性体现在句与句、段与段、部分与部分之间。

（4）锤炼语言：检查句子是否通顺，字、词、标点是否有误，删除多余的字、句、段，确保语言准确、简洁。

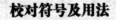

校对符号及用法

好文章是修改出来的！对于纸介的文字，出版领域形成了一套通用的校对符号，并以标准的方式推出（中华人民共和国国家标准GB/T14706—1993）。了解这些符号的含义和用法，相信会对你的学习和工作非常有益。

下面仅列出一些常用的校对符号。

符号形态	符号作用	符号在文中和页边用法示例
一、字符的改动		
⌒	改　正	增高出版物的质量。提
⌒	删　除	提高出版物物质的质量。
⌒	增　补	要搞好校工作。对
⌒×	换损污字	坏字和模糊的字要调换。×
⌒□	改动上下角	16＝4² H₂SO₄ 尼古拉·费欣 0.25＋0.25＝0.5 举例 2×3＝6 X：Y＝1：2
二、字符方向位置的移动		
⌒	转　正	字符颠倒要转正。
∽	对　调	认真经验总结。 认真经总结验。
⌒	转　移	校对工作，提高出版物的质量要重视。
⌒	接　排	要重视校对工作， 提高出版物的质量。
⌒	另起段	完成了任务。明年……
⌐⌐ 或 ┴┴	上下移	序号　名称　数量 01　×××　2
├┤ 或 ┘└	左右移	├─┤要重视校对工作，提高出版物的质量。 3 4 5 6 5 欢迎歌唱

续表

符号形态	符号作用	符号在文中和页边用法示例
≡	排　齐	校对工作非常重要 必须提高印刷质量，缩短印刷周期
∽	排阶梯形	RH₂
⊥	正　图	
三、字符间空距的改动		
∨ ＞	加大空距	一、校对程序 校对胶印读物、影印书刊的注意事项：
∧ ＜	减小空距	二、校对程　序 校对胶印读物、影印书刊的注意事项：
⊬ ⊬ ⊬ ⊬	空1字距 空1/2字距 空1/3字距 空1/4字距	第一章校对职责和方法
Y	分　开	Good morning!
四、其他		
△	保　留	认真搞好校对工作。
○＝	代　替	机器由许多⦿件组成，有的⦿件是铸出来的，有的⦿件是锻出来的，有的⦿件是……
○○○	说　明	改三黑 第一章 校对的职责

> 扩展阅读

推敲的典故

唐代诗人贾岛，字阆仙，年轻时因考试不中，曾出家当过和尚，法名无本。后来又还俗应试，到底没有考进"进士"，只做过"长江主簿"等小官，一生穷困潦倒。他的诗风格清丽，非常注重锻字炼句。《隋唐嘉话》、《唐诗纪事》和《苕溪渔隐丛话》都载有他的这样一则故事：

贾岛因赴考到京（长安）。一天，骑着驴，一边走，一边吟诗，忽然得了两句，道：

"鸟宿池边树，僧推月下门。"

贾岛自己觉得这两句还不错。可是，又觉得下句"推"字不够好：既是月下的夜里，门早该关上，恐怕推不开了，不如改为"僧敲月下门"。心里这么琢磨着，嘴里也就反复地念着："僧推……"、"僧敲……"，他的右手也不知不觉地随着表演起来：一会儿伸手一推，一会儿举手做敲的姿势。这时，著名的大作家、京兆尹兼吏部侍郎韩愈恰巧从这儿经过，随从仪仗，前呼后拥地过来了。按当时规矩，大官经过，行人必须远远回避让路，否则就被视为大不敬。贾岛这时正沉迷在他的那句诗里，竟没有发觉，等到近身，回避也来不及了，当即被差役们扭住，带到韩愈马前。韩愈问明原委，不但没有责备贾岛，还很称赞他认真的创作态度。对于"推"、"敲"两字，韩愈沉吟了一下，说："还是'敲'字好。"

两人于是并骑而行，谈了一些关于诗文写作的问题，从此成了朋友。

成语"推敲"的出典，就是由于这个故事。后来，形容反复地研究措词、斟酌字句，就叫"推敲"。

上述贾岛的诗句，见《题李凝幽居》，是一首五律，全诗如下：

闲居少邻并，草径入荒原。
鸟宿池边树，僧敲月下门。
过桥分野色，移石动云根。
暂去还来此，幽期不负言。

（四）论文撰写注意事项

（1）论文所采用的名词、表格、绘图方式均应保持一致性。例如，在数据分析时，如果第一个使用条形对比图，后面同类对比图也应该使用条形图。

（2）句子与段落长度适中。句子和段落太长读起来很吃力。一般一个段落要有一个明确的观点，也只阐述一个观点，其他内容另起一段论述。

（3）语言文字的规范。毕业论文应具有一定的理论价值和应用价值。不可过于肤浅，将论文写成"调查报告型"、"工作总结型"，需要注意论文的理论深度，且与所学专业知识有机地进行联系。论文写作过程中需要保持逻辑思维的严谨性，理论应正确，论据充实可靠，结构层次清晰合理，推理论证符合逻辑。

学术论文应使用科研论文特有的科学语言，行文应求简练，文字朴实，不可过于烦琐，不可使用过分夸张、感情色彩过分浓重的文学语言，更不可使用过分直白、庸俗的市井语言。

（4）注意减少修饰，少用成语。论文以求真、求实为主，没必要作无谓的文字堆砌。句子后面尽量少用"啦"、"了"、"的"等语气助词。不用第一人称。在学术论文中不能出现"我认为"、"我们"等人称。一般应以第三者立场客观陈述事实。在陈述自己的观点时，采用"笔者认为"的形式。

在词汇方面，学术论文中应多使用专业名词术语，避免使用有歧义的字词，不要带感情色彩，且广泛运用科学符号。句式方面，多使用陈述句。

（5）引用原文要妥当。文章要旁征博引，肯定会引用很多文献。如果在文章中夹带外国名词，则会让人感觉不舒服。一般的处理方式是在中文名词后加括号注明其英文原文。通常在一篇文章中，注明一次后，下次再提及时不必再加以注明。如：汤姆森（Thompson，1998）指出学生认为其退学的主要原因是繁重的工作、家庭和学习等任务与职责。

（6）及早动笔。很多学员总觉得自己的准备还不充分，文献读得还不够多，担心写出来不成样子，将来还要大幅度调整，所以总是在犹豫中放弃动笔。其实，只要你有想法，哪怕是只言片语，不妨赶快拿笔记录下来或者敲进计算机。初稿的完成宜快不宜慢，反正论文是要持续修改的。

一些优秀的学术论文和硕博士论文为我们的论文写作提供了良好的范例，可以通过阅读这些文献锻炼写作的语感。

学术论文写作常见问题

1. 将学术论文与宣传文章、经验总结，甚至教学教案相混淆

学术论文应具有一定的学术理论性和创新性，而这是宣传文章、经验总结、教案、普及读物所没有的。宣传类文章仅是对党的方针政策或事件的具体阐述，是意识形态的政治表现，算不上学术论文。另外，有些人写的论文就事论事，把经验型的总结报

告当成了学术论文，全篇都是个人的感想和认识，而没有提高到理论高度，没有进行客观、科学的求证。

此外，由于华南师范大学的教师教育特点，不少论文作者是教师，写出来的文章带有明显的讲课教案或教科书特点，将某一对象从定义、意义开始，方方面面都讲到，讲完文章也就结束了。还有的文章对某一研究成果或是某些新知识，甚至法律条文进行介绍或解释，等介绍解释完了，文章也就结束了。出现这些情况的原因就在于缺乏中心思想，缺乏创新，文章变成了面面俱到、没有新意的普及读物。

2. 抄袭拼凑现象严重

尽管各个学校都加大了对抄袭的处理力度，但是，"剪刀＋糨糊"还是很多人写作论文的主要方法。尤其是网络的广泛应用为抄袭提供了无比便利。

请大家不要抱"不被发现"的侥幸心理，现在国内已经研发了自主产权的"论文抄袭检测系统"，能够准确检查学生论文中是否存在抄袭剽窃行为。

另外有些同学在论文写作过程中，并没有刻意抄袭，但是全篇都是由其他论文中摘出的句子，或者变个说法拼凑而成，这样的论文十分危险，也是抄袭，而且毫无创新可言。

3. 缺乏理论性和原创性

理论是人类认识的高级阶段，理论性是学术论文的重要特征。然而，有的学术论文缺乏足够的理论性，表现为：

口语化现象太严重，与讲话稿类似，缺乏专业术语；

缺乏系统性和概括性，流于感性认识；

引用前人观点断章取义，缺乏对原文的整体把握。

创见性是学术论文要揭示事物的属性、特征，其结论应该是首创的，见解是独到的。作者可以是发现别人没有涉及过的问题（新说的创立），可以是纠正前人错误的观点（通说的纠正），可以是对前人观点不足的补充（前说的补充），也可以是综合别人的认识有自己的看法（异说的辨证）。

4. 不按学术论文的规范化、标准化要求写作

学术论文的规范化和标准化是国际趋势，有利于学术思想的传播，以及对文章的著作权与知识产权进行保护。目前，本科学位论文中经常出现的规范问题主要有：

中英文摘要写作不规范；

关键词不规范；

引文、参考文献的著录方式不规范，以及注释和参考文献混淆等；

插图和表格的数据表达不规范。

（摘编自：杨继成，车轩玉，管振祥. 学术论文写作方法与规范. 北京：中国铁道出版社，2007）

阅读并反复推敲你的论文，从观点、材料、结构和语言四个方面完善你的论文。

扩展阅读

树干与树枝，树根与树叶

（1）"树干"只能有一个

所谓"树干"，就是整篇论文的基本意思，而且也是展开论述的基本思路。"树干"要写得粗壮，而且只能写出一根"树干"。"树干"多少有点弯曲没关系。但"树干"在一篇论文中只能有一个。"树干"要尽可能写得简洁，在论文的写作过程中，要不断想到"树干"。否则的话，假设、证据和各种事情都要说明，论文的主线在读者眼里就变得不清楚了。

（2）对"树枝"的定位要准确

"树干"确定后，其余一大半要说的是"树枝"。所谓一大半，不包括"树根""树叶"。"树枝"伸出得要有秩序。避免出现由"树干"直接伸出小"树枝"，或用"树枝"取代"树干"，满身的小"树枝"。一篇好的论文，在"树干"层次上要表现得相对大一些和粗壮一些，但整体上要保持协调。

（3）不能缺少"树根"和"树叶"

在一篇论文中既要有"根"，也要有"叶"。所谓"根"指的是要告诉读者：作为自己的研究成果的"树"，它的"根系"延伸到什么地方。典型的例子是：在论文中，对已有的有关研究成果进行回顾，写出过去的积累与本论文的贡献有着怎样的联系，哪些属于自己的新贡献。

所谓"树叶"，是最容易看到的部分。多少装饰上一些叶子，会使整棵树看上去树干茁壮，枝繁叶茂，越发美观。不过，树叶毕竟是表面的东西。更为重要的是树干；其次是树枝；然后是树根；最后是树叶。

（摘编自：[日]伊丹敬之.创造性论文的写法.吕莉，张舒英，译.北京：社会科学文献出版社，2004）

三、论文抄袭的严重后果

学位论文的撰写是非常严肃的事情，同学们必须独立完成。

华南师范大学网络教育学院对毕业论文的抄袭行为做了严格的规定：如有抄袭、代写、雷同等作弊行为，一经发现，所写毕业论文无效。正在撰写者，取消毕业论文写作资格；已评定成绩者，取消成绩；已准予毕业者，宣布毕业证书作废；已授予学位者，宣布学位证书作废。

学院对论文抄袭制定了严格的认定标准，出现以下任一行为就将被认定为论文抄袭。

- 连续引用他人作品超过200字而未注明出处的；
- 使用他人已发表的数据、图表等内容未经授权或未注明出处的；
- 原文复制或通过改变个别字、词及重排句子顺序复制他人作品内容超过本人所撰写论文总字数的15%的（引用法律、法规，政府公文，时事新闻，名人名言，经典词诗，古籍书，公认的原理、方法和公式，通用数表等内容除外）；
- 将外文文献直接翻译或在翻译中改变字词、重排句子顺序后用于自己的论文中，且总字数超过本人所撰写论文总字数15%的；
- 照搬他人论文或著作中的实验结果及分析、系统设计和问题解决办法而没有注明出处或未说明借鉴来源的。

四、基于"华师在线"的毕业论文指导

华南师范大学网络教育学院的毕业论文系统为学生和论文指导老师提供了一对一的论文指导及交流空间。

（一）论文指导与交流

本科学生选题结束后就可以直接在网上与指导老师进行交流（具体操作：进入毕业论文系统，选择页面上方的"论文操作"选项卡，如图4-1所示）。学生可以向指导老师提出自己的疑惑，或者提交论文的

图4-1 "华师在线"毕业论文系统——"论文操作"界面

提纲、初稿、修改稿给老师批改等。一般，指导教师会在一周内给你回复。

图4-1所示的页面中，还列出了论文写作的各个时间段，大家一定要谨记每一个关键时间，按时完成相应的任务，如提交提纲、初稿、二稿、定稿等。

（二）查看论文公告

论文写作期间，学生除了和指导老师直接交流外，也应关注指导老师发布的公告（具体操作：进入毕业论文系统，选择页面上方的"论文公告查看"选项卡，如图4-2所示），密切关注老师的要求及其他动态。

图4-2 "华师在线"毕业论文系统——"论文公告查看"界面

（三）参与"毕业论文论坛"讨论

点选毕业论文系统页面上方的"毕业论文论坛"选项卡，你还可以进入论坛（如图4-3所示），与其他正在写作毕业论文的同学交流。如果你长时间联系不上自己的指导教师，也可以在这里留言，网络教育学院的专职管理教师会根据留言跟踪、督促相应指导教师积极参与论文指导工作。

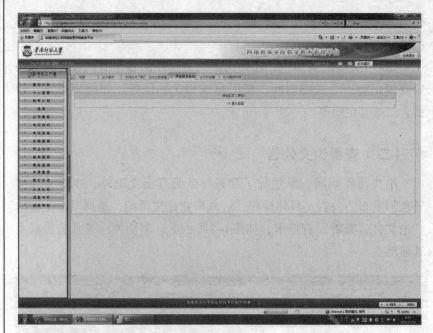

图4-3 "华师在线"毕业论文系统——"毕业论文论坛"界面

专题回顾

① 论文的基本组成部分包括：标题、致谢词、摘要、关键词、前言、正文、结论和参考文献。

② 论文的撰写主要分为撰写准备阶段、撰写论文初稿和论文修改定稿三个阶段，合理安排各个阶段的工作内容，能够帮助你有效完成论文撰写。

③ 论文写作时，应注意保持论文的一贯性，句子与段落长度适中，减少修饰，少用成语、不用第一人称等。另外，论文需要不断地修改和打磨，切不可仓促上交。

④ 学院对论文抄袭行为有明确的认定标准，一旦被认定为论文抄袭，将严惩不贷。

我的论文进度

我的论文题目：_____

我的初稿进展情况：_____
_____

我碰到的问题：_____
_____

指导老师给我的意见：_____
_____
_____
_____

我想补充说明：_____
_____
_____
_____
_____
_____
_____
_____

专题导读

论文的著录规范指的是论文中应用到的参考文献、注释、图表等内容与格式的规则和要求。本科毕业论文对著录规范有严格的要求，良好的著录规范不仅使我们的论文版面更加清晰，有利于读者阅读，同时也是作者严谨科研态度的体现。

专题五 著录规范

在本专题，我们将就毕业论文的参考文献、注释、图表等著录规范进行介绍，使你的论文在形式上更加规范化。

 学完本专题，你将能够：

（1）正确标注参考文献和注释；

（2）正确使用论文中图表的格式规范。

一、参考文献规范

参考文献是为撰写或编辑论文、著作而引用的有关文献信息资源。参考文献是学术论文的重要组成部分，正确标注参考文献是对论文作者最基本的要求。

可以说，任何科学研究都是站在巨人肩膀上完成的，都需要学习、借鉴和参考他人的研究成果与经验，因此，我们应该尊重他人的劳动成果，在撰写论文的过程中，不管你是参考了他人的一个观点、一句话、一张图或一个表，都应该标明出处。

下面介绍参考文献的标注规范：

（一）参考文献在正文中的标注方法

1. 顺序编码制与"著者—出版年"制

（1）顺序编码制是按正文中引用文献出现的先后顺序连续编码，并将序号置于方括号中的一种形式。如：

远程培训的开展是大势所趋，企业开展远程培训已经不是"做不做的问题，而是如何更好地开展的问题"[1]。

（2）"著者—出版年"制中，各篇文献的标注内容由著者姓名与出版年构成，并置于括号内。如：

这是自学式教材的独特之处，也是其设计的一大难点，其中插入"文中学习活动"就是最具关键性的设计（杨家兴，2000）。

倘若正文中已提及著者姓名，则其后的括号内只须著录出版年。如：

杨家兴（2000）认为文中学习活动通过督促学习者积极参与思考，使其对所学内容有深层次的理解。

2. 原文引用与原意引用

（1）除了选择标注方式，如果文中引用的是原文，引文部分必须加上双引号。如：

邓小平南巡谈话对社会主义本质作了新的概括，即"解放生产力，发展生产力，消灭剥削，消除两极分化，最终达到共同富裕。"[1] 这五句话有着极其丰富的科学内涵，……

（2）当引用的原文文字量较多，或综合多人相同的观点时，一般采用引用原意的形式。引用原意，要注意完整理解原作者的观点，并融合于行文的思想表述中。原意引用可以不用引号，但是要使用冒号或者逗号，标上参考文献序号。如：

列宁说，马克思主义的最本质的东西，马克思主义的活的灵魂，就在于具体地分析具体的情况。[4]

在同一篇论文中，只能选用一种标注方式，不能混合使用。

扩展阅读

选用引文的标准

凡直接引用别人的观点、论据、成果等,必须在论文中标注,并在后文的参考文献中注明出处、页码,不能"用而不引"。引用使用过程中,需要特别注意:并非阅读过的论著都值得引用,只有那些有独到见解的观点、事实材料才可以引用;那些无实质性材料内容的资料、不可靠的资料是不能引用的,"不选而引"是禁止的。

引文的水平也是有要求的,并非任何文字都可以随意地作为引文来使用。引文一般为正式发表具有自主版权的文献,以便读者查考,也是尊重版权的需要。不过在某些特殊情况下也可引用未正式出版的会议论文、咨询报告、学位论文等。亦可引用非文献的资料,如:广播、领导讲话、影视作品中内容。但是在引用上述非文献资料的过程中,需要特别慎重。

(摘编自:叶继元,等.学术规范通论.上海:华东师范大学出版社,2005.)

(二)文后参考文献著录规则

引用了他人的观点,除了要在正文中标注,还需在论文后面列出参考文献列表。

1. 参考文献的内容与顺序

文后参考文献的内容和格式也有严格的规定,要按照规定著录(详见国家标准GB/T 7714—2005《文后参考文献著录规则》)。参考文献著录的内容如下:

(1)主要负责者(专著作者、论文集主编、学位申报人、专利申请人、报告撰写人、期刊文章作者、析出文章作者等)。多个责任作者之间以"、"分隔,一般只列出前三位主要作者的姓名。主要责任者只列姓名,不加"著""编""主编""合编"等责任说明。

(2)文献题目及版本。

(3)文献类型及载体类型标志。

文献类型标志:普通图书 M,会议录、论文集 C,汇编 G,报纸 N,期刊 J,学位论文 D,报告 R,标准 S,专利 P,数据库 DB,计算机程序 CP,电子公告 EB。

电子文献载体类型标志：磁带 MT，磁盘 DK，光盘 CD，联机网络 OL。

（4）出版项（出版地、出版者、出版年）。出版社必须全称，如"高等教育出版社"不得写成"高教社"；"北京大学教育评论"不得写为"北大教育评论"。

（5）文献出处或电子文献的可获得地址。

（6）文献引用页码。

2. 常用参考文献实例

参考文献的类型很多，如上述"文献类型及载体类型标志"所列举，现对常用的参考文献类型进行举例说明，其格式示例如下：

（1）专著：［序号］主要责任者. 文献名［M］. 地区：出版单位，出版年：引用页码. 如：

［1］周明圣. 教育系统质量管理体系［M］. 北京：中国计划出版社，2003：13-14.

［2］RUMBLE. The Costs and Economics of Open and Distance Learning［M］. London：Kogan Page，1997：32-50.

（2）译著：［序号］（原著者国别）原著者. 文献名［M］. 译者名. 地区：出版单位，出版年：引用页码.

［1］［英国］约翰·丹尼尔. 巨型大学与知识媒体——高等教育的技术战略［M］. 丁兴富，译. 上海：上海高教电子音像出版社，2003：118-143.

（3）期刊文章：［序号］主要责任者. 文献题名［J］. 期刊名，出版年（期）：引用页码.

［1］冯晓英，陈丽. 远程教育中媒体分析和选择的三维模型［J］. 中国电化教育，2006（1）：29-34.

［2］EHMAN，L.，BONK，C. A Model of Teacher Professional Development to Support Technology Integration［J］. Association for the Advancement of Computing in Education Journal，2005（3）：251-270.

（4）报纸文章：［序号］主要责任者. 文献名［N］. 报纸名，出版日期（版次）.

［1］周济. 城镇教师支援农村教育工作座谈会［N］. 中国教育报，2007-06-23.

［2］Beig. Facebook univeils e-mail system for 500M user［N］. USA Today，2010-11-16.

（5）电子文献：［序号］主要责任者. 文献题名［EB/OL］.［引用日期］. 获取和访问路径.

［1］彭向刚．论我国行政公开制度建设［EB/OL］．［200-11-13］．http://www.baidu.com/s?bs=%BB%E1%BC%C6&f=8&wd=%D0%D0%D5%FE%B9%AB%BF%AA%D6%C6%B6%C8．

　　［2］THURMOND,V.Towards an understanding of interactions in distance education［EB/OL］．［2007-09-20］．The on line journal of nursing informatics，8（2）.http://www.eaa-knowledge.com/ojni/ni/8_2/interactions.htm．

　　（6）学位论文：［序号］作者．论文标题［D］．地点：学校名，出版年．

　　［1］张志祥．间断动力系统的随机扰动及其在守恒律方程中的应用［D］．北京：北京大学数学学院，1998．

　　［2］CAL MS R B. Infrared spectroscopic studies on solid oxygen［D］.Berkeley：Univ. of California,1996．

（三）注释的规范

在论文写作过程中，有些问题需要在正文之外加以阐述和说明，就要使用注释。通常，注释时使用数字加圆圈标识，如①、②…

如：……所以鲁国不同于其他分封国，是西周在东方的文教中心。春秋初的情形，仍未显著变化。①

说明部分以"脚注"或"尾注"的形式出现在论文中。

脚注示例：在当页底部加一条十个汉字长的细实线，线的下方加如下注释：

①：此为郑玄观点。近日吕思勉在《古学制》中持不同观点。

二、图的规范

插图具有简洁、清晰、准确的特点，其使用可以以直观的方式使读者迅速理解事物的形态、结构、变化趋势等，缩减烦琐的文字描述，并起到活跃、美化、节省版面，提高读者阅读兴趣的效果，被誉为"形象语言"或"工程语言"。

文字是论文表述的主要手段，但为了形象和直观地表达学术论文和知识，适当使用插图也是非常重要的。

（一）插图类型

学术论文中的插图主要包括函数曲线图、点图、等值线图、直条图、构成图、示意图、流程图、照片等，其具体说明如表5-1所示。各种类型插图如图5-1~图5-8所示。

（1）参考文献和注释有什么不同或相同之处？

（2）论文写作中，是否必须使用参考文献和注释？

表5-1 插图类型与特点一览表[①]

插图类型	特 点
函数曲线图	函数曲线图由图序、图题、标目、标值、坐标轴、曲线、图注、说明组成
点图	点图是用散点表示的函数关系图，其构成与函数曲线图相同，同一属性的点采用同一种点表示，同一个图形有多种属性点时，可分别用不同的符号来表示，如：△、○、☆、◇、※、□等
等值线图	等值线图是用线条反应某种物理量在平面、曲面或切割面上分布的图形，常见的有地形图等高线、海洋或琥珀的等深线等，需标出每条线条的物理量大小和单位
直条图	直条图或称直方图，使用宽度相同而高度不同的直条表示相对独立的量的大小，其特点是能非常直观地反映物理量的大小。直条图可以直画，也可横画，但必须有共同的基线，从"0"开始。直条图较长时，中间可用折线，并表明数字
构成图	构成图可以是直条构成图的形式，更多的时候，我们会采用饼状图的形式
示意图	示意图包括结构示意图和工作原理图两种。结构示意图将构成的简单示意进行呈现，电路图、施工步骤图等则是常见的工作原理图
流程图	流程图包括计算机程序图、施工工艺流程、机构设置等。
照片图	照片图多用来作为需要分清深浅浓淡、层次变化丰富的插图。具有形象逼真、立体感强的特点，可以是黑白照片图，也可以是彩色照片图。彩色照片色彩丰富、形象逼真，表达效果理想，但印制成本高。学术论文中一般采用黑白照片图

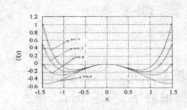
图5-1 函数曲线图

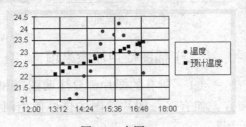
图5-2 点图

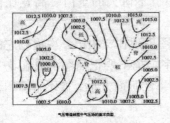
图5-3 等值线图

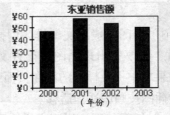
图5-4 直条图

---

① 杨继成，车轩玉，管振祥. 学术论文写作方法与规范. 中国铁道出版社.

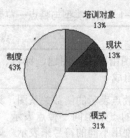

图5-5 构成图

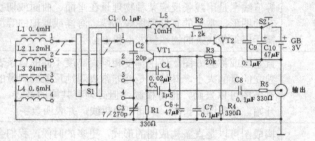

图5-6 示意图

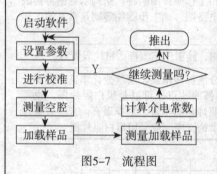

图5-7 流程图　　　　　　图5-8 照片图

（二）插图使用注意事项

（1）所有的图片都要注明图序和图题，并居中标注在图片下方，如有多张图片，图的排序使用阿拉伯数字，如：图1，图2，图3……。

（2）图形布局恰当，疏密适中、不留大的空白、高宽比例协调等。

（3）插图一般随文编排，即插图出现在文中第一次提到它的段落后面。不要先出现插图再出现文字，也不要把插图都放在论文后面。如果文中提及插图的所在页面剩下的版面太小，放不下插图，也可以把插图按顺序适当后移。

（4）插图的图注说明文字力求简洁准确，所选用的名词术语一定要与文中所使用的一致，不要出现正文没有交代或与正文表达内容不相关的文字、数字和符号。

三、表的规范

表格是表达统计资料的一种重要方式,具有表达力强、易得要领、便于计算和分析比较,以及节省版面等优点。制表的基本要求是简单明了、层次清楚、有自明性,表的结构要简单,使人一目了然。

(一)常用表格

表格的种类较多,从表现形式分,学术论文中常用的表格有以下三种。

(1)无线表。整个表格无一根线,使用于内容简单、项目很少的场合,如表5-2所示。

表5-2 无线表

负载状况	空载	1/4标定负载	1/2标定负载	满载
cos α	0.20	0.50	0.85	0.89

(2)系统表。这种表格只用横线、竖线或大括号把文字贯穿起来,用来表述系统中的隶属关系和多层次事项,如图5-9所示。

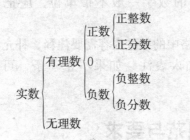

图5-9 实数的组成

(3)卡线表。由横线、竖线组成表格的行线和栏线而得名,学术论文中大多采用卡线表。目前,科技期刊一般都使用三线表。

传统卡表由横线和竖线组成,如表5-3所示。

表5-3 第一单元成绩表

姓名＼科目	数 学	语 文	英 语	总 分
王思灏	88	90	89	267
李茹芸	90	95	78	263
赵锡平	98	94	93	285
吴小清	100	76	96	272

三线表以卡线表为基础,栏头取消了斜线,省略了横、竖分隔

线（即行线和栏线），通常只有三条线，即顶线、底线和栏目线，如表5-4所示。

表 5-4 两种场认知风格对各影响因素评价的平均数

变量	因素1	因素2	因素3	因素4	因素5
场独立型	2.8438	3.5313	3.6875	2.2188	2.8125
场依存型	3.6250	2.6875	2.6563	3.5313	3.5313

（二）表格使用注意事项。

（1）论文中出现的表格，要注明表序和表题，标注在表格上方，如有多张表格，使用阿拉伯数字编号，如：表1、表2、表3……

（2）表格要精选，根据要描述的对象和表格功能确定是否采用表格，能够用较少文字说清楚的，应用文字说明；

（3）表序和表题之间需要留一个汉字的空格，排在顶线的上方，相对整个表格处于居中位置；

（4）栏目内的信息归类要正确，当不好归类时，可采取加辅助线的方法进行区分；

（5）表体内的数字一般不带单位，应把单位符号归并到栏目中；

（6）如果表格中的某些内容需要注释、补充，对表格做必要说明时，可在表下加入表注，如果不止一条，可以将每条表注编上序号。

四、其他规范与要求

（一）字数要求

毕业论文正文字数一般应在8000字左右（理科字数不少于6000字，文科字数不少于8000字，财经类字数不少于7000字，艺术类等专业可适当减少），提纲字数应在500～1000字左右（提纲字数不包括在正文中）。

（二）字体要求

（1）论文题目：宋体三号字居中，可加黑。

（2）提纲及正文：宋体五号字两端对齐，段落首行空两字，段落间不允许空行，段落标题除可以加黑和加阴影外，不得再使用其他任何样式；单倍行距，段落间距为零；不得对整篇文章使用表格嵌套；不得使用繁体字和任何背景色。

在你的论文写作中，已经使用或想要使用哪种图表？格式符合规范吗？为什么选择使用这种插图或表格？

（3）参考文献、注释：宋体五号字。

（三）页码要求

从论文正文开始设置页码，将正文设置为第1页，页码在页末居中设置。

（四）排版顺序

毕业论文定稿应使用学院统一规定的毕业论文模板，并按封面、原创承诺书、目录、致谢、中文摘要、英文摘要、正文、参考文献的顺序进行编辑排版。需要注意的是：各个部分之间须分页编辑，如：不可将中文摘要和英文摘要放置于同一页上。

（五）论文标题

毕业论文正文段落层次划分标准（参考），如表5-5所示。其中，符号方案1多用于社会科学论文；符号方案2多用于自然科学论文。

表5-5　毕业论文段落层次划分标准（参考）

符号方案1	符号方案2	用　　途
一、	1	用于论文第一级标题
（一）	1.1	用于论文第二级标题
1.	1.1.1	用于论文第三级标题
（1）	1.1.1.1	用于论文第四级标题

论文各级标题的末尾一般都不使用标点符号。

① 遵循科学的著录规范不仅有利于读者阅读，同时也是作者严谨科研态度的体现。

② 参考文献是论文的必要组成部分。论文写作中所用到的重要文献，一定要在文末的参考文献中列出，避免"用而不引"和"引而不用"的情况发生。

③ 在论文中需用图表之处，需要注意图表的选用类型和格式问题。另外，学院在论文的字数和排版方面也有要求，应该严格按照要求修改论文。

我的论文进度

我的论文题目：_____

我必须引用的文献：_____
_____

我用到的图表：_____
_____

我的论文格式问题自查：_____
_____

我想补充说明：_____
_____
_____
_____
_____
_____
_____
_____

专题六 自信答辩

专题导读

毕业论文答辩是学业完成前的一个关键环节，需要认真对待。同时，毕业论文答辩也是一个增长知识、交流研究成果的过程。为了参加答辩，学员在答辩前就要积极准备，对自己所写文章的所有部分，尤其是正文和结论作进一步的推敲，仔细审查文章对基本观点的论证是否充分，有无疑点、谬误、片面或模糊不清的地方。如果发现问题，就要继续收集与此有关的各种资料，做好弥补和解释准备。

在答辩中，答辩委员会成员会就你论文中的某些问题阐述自己的观点，或者提供有价值的信息，帮助你获得关于论文的一些新信息和新知识。毕业论文答辩是大学生全面展示自己的智慧、勇气、风度和口才的最佳时机之一。在本专题的学习中，我们从论文答辩前期的准备工作、答辩流程、答辩成绩的评定到答辩细节多个方面向大家进行介绍。

 学完本专题，你将能够：

（1）了解论文答辩前需要做的准备工作；

（2）知道论文答辩的流程；

（3）使用回答问题的技巧；

（4）解释论文成绩的组成和评定方法；

（5）指出论文答辩需要关注的细节问题。

一、准备答辩

学位论文是反映学术成果、传递学术信息的工具。论文答辩是一种有组织、有准备、有计划、有鉴定的比较正规的审查论文的形式。为了做好毕业论文答辩,在举行答辩会前,答辩者(撰写毕业论文的作者)需要做好充分准备。

首先,论文题目是对论文内容"最集中化"的概括。对题目中的关键词,自己一定要能够给予透彻的阐述和解释。

其次,要熟悉自己所写论文的全文结构。尤其是要熟悉主体部分和结论部分的内容,明确论文的基本观点和主论的基本依据;弄懂、弄通论文中所使用的主要概念的确切含义,所运用的基本原理;同时还要仔细审查、反复推敲文章中有无自相矛盾、谬误、片面或模糊不清的地方,有无与党的政策方针相冲突之处等。如发现有上述问题,就要做好充分准备,及时进行补充、修正、解说。这样在答辩过程中,就可以做到心中有数、临阵不慌、沉着应战。

再次,要了解和掌握与自己所写论文相关联的知识及材料。如自己所研究的这个论题学术界的研究已经达到了什么程度,目前存在着哪些争议,有几种代表性观点,各有哪些代表性著作和文章,自己倾向于哪种观点及理由;重要引文的出处和版本;论证材料的来源渠道等。这些方面的知识和材料都要在答辩前做到有比较好的了解和掌握。

最后,论文还有哪些应该涉及或解决,但因力所不及而未能接触的问题,还有哪些在论文中未涉及或涉及很少,而研究过程中确已接触到了并有一定的见解,只是由于觉得与论文表述的中心关联不大而没有写入等。

对上述内容,在答辩前都要很好地准备,经过思考、整理,写成提纲,记在脑中,这样在答辩时就可以做到心中有数,从容作答。

二、答辩流程

华南师范大学网络教育学院组织的毕业论文答辩共有两种形式,对于非广州地区的学员,应该集中到所属学习中心利用网络参加网上答辩,即学生和答辩老师利用网络即时答辩;广州地区的学生则集中到校本部,与答辩老师进行面对面的答辩。无论哪种答辩形式,学院对学生答辩的要求和答辩成绩判定标准都是一样的。

在论文答辩之前,老师会宣布答辩的程序和要求,然后开始按序进行答辩。答辩的总时间一般在20分钟以内,首先由答辩学生汇报论文;接着,老师会针对论文内容提出3~5个相关问题,由答辩学生进行回答,以此来审查论文的真实性和学生的研究水平。老师当场点评

答辩时,除了带身份证和学生证,还要带上有关资料和纸笔,以便翻阅和记录一些重要信息。

答辩情况，而后，答辩小组合议做出答辩评语、答辩成绩，并当场录入"毕业论文"平台，同时将签名后的学生答辩成绩清单交给学院留底存档。

（一）汇报论文

论文汇报要求学生对论文的内容进行整体的介绍，时间为5~8分钟。建议答辩者从以下四个方面内容进行汇报。

1. 基本信息

介绍毕业论文和作者的基本信息，包括：题目、指导老师姓名、作者姓名，这是论文答辩的开场白，也是答辩人必须告诉答辩委员会的内容。

2. 研究背景

介绍研究背景包括论文题目来源和研究目标等信息。任何研究都不是凭空得来的，都是在一定的理论和实践基础上提出的，选题的背景不仅反映了作者的学术敏感度，同时也是论文的"奠基石"，是整个学术论文研究的出发点。

3. 研究内容与方法

介绍研究的主要内容和研究方法，是论文答辩的主体部分。研究分为几个部分，对于众所周知的和支持本研究的内容（如理论基础部分），只要做简要介绍；论文的核心内容和具有创新特点的内容，则需要进行较为详细的介绍。大部分研究中，特别是学位论文，往往采用多种研究方法，不同的内容所用的方法不同或相互交叉，正确地使用各种研究方法，不仅保证了研究的科学性，同时体现了作者的学术综合能力，因此，研究方法的应用也是汇报的重点。

4. 研究的意义、不足、难点和创新点

学术研究的意义包括理论意义和实践意义两个方面，研究意义往往和研究来源密切相关，需要做到"前后呼应"，论文完成后是否完全或部分解决了自己论文开篇所提出的问题？这是需要作者进行解答的。研究难点和创新点也需要进行介绍，可以体现作者的付出与努力，同时表明了研究的创新意义。

上述四个方面是论文答辩时候必须介绍的，若作者认为自己的论文还有其他方面需要特别说明，可以根据具体情况，进行灵活把握，但一定要切记不要"照本宣科"！

明确论文需要从哪些方面进行汇报，不但可以缓解答辩前的紧张心理，更可以增加自己答辩的自信心，做到"心中有杆秤"，对于顺利完成论文答辩有非常重要的意义。

论文汇报时间有限，为了在答辩中表现良好，在答辩前可以进行多次"彩排"。

(二)老师的提问

论文汇报完成后,答辩老师会提出3~5个问题,老师会从哪些角度进行提问,这也是答辩者非常关心的问题。

一般而言,答辩老师会从检验真伪、探测能力和弥补不足三个方面提出问题。

- 检验真伪,即围绕论文的真实性拟题提问;
- 探测水平,即选择与论文主要内容相关的问题,检测学生的水平高低,检验基础知识是否扎实,如论文中涉及的基本概念、基本理论以及运用的基本原理等;
- 弥补不足,即围绕论文中存在的薄弱环节,如论述不清楚、不详尽、不确切之处提问,答辩者需要进行补充阐述或提出解释。

除了上述内容,你认为还需要注意哪些方面的陈述?针对自己的论文内容,写一个论文汇报大纲。

针对不同类型(如理科论文、财经类论文、艺术类论文)的学科论文,答辩老师所提出的问题不尽相同,但是其中也存在某些特定的提问"热点区",在此简要介绍几点,供同学们参考学习。

首先是论文的题目,题目是论文的"最简化的概括",直接反映了研究的内容和对象。答辩老师首先会考虑这方面的问题:题目是否科学?是否能够概括所做的研究?题目中的关键词(尤其是与研究内容密切相关的词语)的含义?如果题目中存在歧义或表达的意思不够完整,抑或所做的题目太过"创新",答辩老师极有可能会提出一些相关的问题。

其次,与论文相对应的研究成果,例如:关于平台建设、产品设计类的论文,就需要展示平台或者产品样本,这部分内容是研究的点睛之处,这也是答辩老师最为关心的。在答辩的汇报过程中,最好能多花些时间在这部分,清晰陈述研究成果,避免产生不必要的误解,如:让老师以为你的研究成果与已有的研究相重复,或是研究成果过于简单,不具体,无可行性。

再次,采用的研究方法。在论文的各个部分,可能采用了不同的研究方法,尤其是论文的主体部分用了什么样的研究方法,具体如何使用这种研究方法,为什么没有选择其他的研究方法,等等。这些都是老师们关心的问题。

最后,论文中研究的一些细节,例如:图表的格式、参考文献的书写、论文的英文摘要的规范性、一些关键性数据的引入等,这些细节也要引起足够的重视,细节之处尽显研究的科学性和严谨性。如在论文中出现明显的细节性错误,不符合论文写作要求,往往也会成为答辩老师关注的"热点"。

上述四点只是概述了老师们关注的部分问题,针对不同类型的论文，老师们关注的问题也不相同。因此，不要仅限于考虑上述问题。在答辩之前，也可以与论文指导老师进行交流，指导老师会有针对性地提出一些"常见问题"。

（三）回答老师的提问

在答辩老师提问题时，要集中注意力，认真聆听，并将问题和自己的思考略记在本子上，仔细推敲答辩老师所提问题的要害和本质是什么？忌讳答非所问。如果对所提问题没有听清楚，可以请提问老师再说一遍。如果对问题中有些概念不太理解，可以请提问老师做些解释，或者把自己对问题的理解说出来，并问清是不是这个意思，等得到肯定的答复后再作回答。只有这样才能答到点子上。

在弄清了答辩老师所提问题的确切含义后，要在较短的时间内做出反应，充满自信地以流畅的语言和肯定的语气把自己的想法讲述出来，不要犹犹豫豫。回答问题，一要抓住要害，简明扼要，不要东拉西扯，使人听后不得要领；二要力求客观、全面、辩证，留有余地，切忌把话说"死"；三要条理清晰，层次分明。此外还要注意吐词清晰，声音适中等。

有时，答辩委员会的老师对答辩人所作的回答不太满意，还会进一步提出问题，以求了解论文作者是否切实搞清和掌握了这个问题。遇到这种情况，答辩人如果有把握讲清，就可以申明理由进行答辩；如果不太有把握，可以审慎地试着回答，能回答多少就回答多少，即使讲得不很确切也不要紧，只要是同问题有所关联，老师会引导和启发你切入正题；如果确是自己没有搞清的问题，就应该实事求是地讲明自己对这个问题还没有搞清楚，表示今后一定认真研究这个问题，切不可强词夺理，进行狡辩。

在为论文答辩做了充分准备的基础上，我们大可不必太紧张，要有自信心。树立信心，消除紧张慌乱心理很重要，因为过度的紧张会使本来可以回答出来的问题也答不上来。只有充满自信，沉着冷静，才会在答辩时有良好的表现。

三、答辩细节

除了对论文答辩做好充分的准备，一些答辩细节也不容忽视。以下介绍答辩时应注意的细节问题。

（一）仪态和风度

在进行答辩时，要注意仪态和风度。如果答辩者能保持良好的仪

除了上述内容，你认为还需要注意哪些方面的陈述？与老师和同学讨论你的论文，进行一次"预答辩"，尝试回答老师和同学提出的问题。

态和风度，给答辩老师留下良好的印象，那么我们的答辩就有了一个好的开端。

1. 衣着得体

有的同学穿着运动裤和运动T恤衫参加答辩，这是对答辩老师的不尊重，也是对论文答辩不重视的表现。太暴露的衣着也不行，有的女生爱美，会穿着短裤和背心参加答辩，这样的衣着会显得本人轻浮或不够端庄，是绝对不可取的。

论文答辩是学术研讨和交流的"盛会"，是一种严肃、正式的活动，为表达对答辩老师和同学们的尊重，一定要注意挑选适合的衣服，这也有助于帮助自己调整、稳定心态，提高自信心。男生可以穿长裤和衬衫（夏天也可穿短袖衬衫），衬衫最好束在裤子里侧，露出皮带。除了裤子和衬衫的搭配，女生也可以选择穿裙子，裙子最好及膝，可以是连体裙，也可以是混搭的裙子和上衣，裙子适宜选择较正式的款式。

2. 体态自然

衣着之外，体态也非常重要。凹胸驼背会显得怯懦、自卑，挺胸过度又显示情绪过于高昂，甚至给人傲慢自负的感觉。因此，上身保持自然的挺拔是最好的状态，脊背的挺拔能体现一个人的自信。可以略微弯腰、稍欠身，表现出应有的谦虚和礼貌。两手自然垂放，忌讳两手一直交叉置于身前，这样会显得太过拘泥刻板。

（二）心态和语言

良好的心态是保证论文答辩顺利进行的一个重要因素，要克服怯场心理，消除紧张情绪，保持良好的心理状态。要有自信意识，这是学生应具备的最基本的一种心理素质。凡是有充分自信意识的学生，在答辩过程中就会精神焕发、心绪镇静、神态自若、思维敏捷、记忆完整，答辩淋漓尽致地发挥。

论文答辩的过程中，由于自身的紧张，说话容易越来越快，以致答辩委员会成员听不清楚，影响了答辩成绩。因此在汇报论文内容和回答老师提问的时候，忌讳连珠炮似的语言表达方式，一定要注意语言速度，做到有急有缓，有轻有重。若感觉语速太快难以控制，不妨给自己两三秒的时间，做一下深呼吸，这是一个非常奏效的小技巧。

在回答答辩老师提问的时候，也要注意语言表达方式，做到谦虚、礼貌。参加答辩的老师都是本领域的专家，切不可孤芳自赏、高傲自负。如个人与答辩老师的观点有差异，切忌固执己见，一味地盲目反驳，不妨换个角度思考，拓展自己的专业视野，也可在答辩结束后继续与老师进行交流和沟通。

1. 请为自己选择搭配一套服装，用于参加论文答辩。

2. 看着镜中的自己，锻炼参加答辩应有的身体姿势。

四、论文成绩的评定

毕业论文成绩由写作成绩和答辩成绩构成,写作成绩与答辩成绩按7∶3的比例四舍五入合成学生的毕业论文总成绩。

其中写作成绩由论文指导教师评定,论文写作阶段结束后,指导老师在网上给自己指导的学生判定成绩和评语,学生可于我院规定的期限内进入学生工作室查询自己的论文写作成绩。学生没有在教学平台与论文指导教师联系、没有在论文指导教师指导下进行写作的,论文写作成绩为0分,论文写作的成绩判定标准如表6-1所示。而答辩成绩则由答辩小组合议进行评定,并在答辩当场录入学习平台。

表6-1 毕业论文写作成绩评定标准

分数等级	特点
优秀 (90分及以上)	(1)观点正确,证据有力,论据充分,资料翔实,理论分析比较深入,理论密切结合实际
	(2)结构严谨,层次清楚,文字通顺,无错别字
	(3)在某些方面确有一定的突破与创新,回答与解决了较为重要的理论或实际问题,确有一定的学术价值或应用价值
良好 (80~89分)	(1)观点正确,论据有力,论证充分,资料翔实,理论分析比较深入,理论结合实际较好
	(2)结构严谨,层次清楚,文字通顺,无错别字
	(3)论证主题有一定价值
及格 (60~79分)	(1)基本观点正确,论据较有力,论证较充分,资料较充实,理论分析不够深入,理论结合实际较差
	(2)结构尚合理,层次尚清楚,文字尚通顺,无错别字
不及格 (60分以下)	(1)基本观点有误,论据无力,缺乏论证,资料贫乏,分析肤浅,理论脱离实际
	(2)结构混乱,层次不清,文字不通顺,错别字较多

论文写作成绩在60分以上的同学均须参加答辩,没有抽到答辩的学生,系统将直接以其论文写作成绩作为总成绩。

答辩成绩是百分制,答辩老师根据学生答辩的总体表现综合打分。其中综合表现不仅包括论文的写作水平,还包括答辩过程中汇报的水平,回答问题的情况等,这些都会是答辩老师给分的参考标准。

论文成绩及格者,将取得相应的学分;成绩不及格,不能取得相应学分,并应在规定学习期限内,重修毕业论文,重修次数不限,直至及格为止。申请学士学位者,毕业论文成绩应在80分以上。

毕业论文已经合格但未达到学位申请要求(80分以上,含80分)的学生可自行决定是否重新申请写作毕业论文,重新申请写作毕业论文将视为重修,需要在网上提交论文重修申请,学院审核通过后,学生方可重新参与写作。此情况学生只允许重修一次,最终成绩以高分一次为准。提交毕业申请后,不得再申请毕业论文写作。

1.为了更好地调整心态,你有哪些小诀窍或心得经验?

2.你的语言表达速度是否适合答辩的场合?你会如何进行调整?

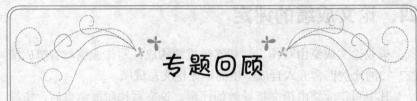

专题回顾

① 论文答辩是毕业前最后、也是最重要的一个环节,是对论文的总结和汇报。

② 答辩前,准备工作一定要到位、充分,尽量考虑到多方面的因素,努力在答辩时做到系统、清晰汇报自己的论文内容,尽自己所能,从容回答老师提问。

③ 细节不容忽视,答辩者还应注意调整好心态,并确保自己衣着得体,体态自然,语言流畅。

我的论文进度

我的论文题目：_____

我的研究方法：_____
_____
_____

我的主要结论：_____
_____
_____

我的论文创新：_____
_____
_____

我想补充说明：_____
_____
_____
_____
_____
_____
_____
_____
_____

附录　华南师范大学网络教育学院本科毕业论文写作管理暂行办法

毕业论文写作是本科教学计划的重要组成部分，是培养学生理论联系实际和锻炼学生独立工作能力的有效手段，是对学生掌握和运用所学基础理论、基本知识、基本技能以及从事科学研究能力的综合考核。毕业论文综合地反映了学生是否具有大学本科毕业生的水平。

毕业论文写作在教学计划中作为独立的一门课程设置，占6学分。本科层次学生必须按照教学计划修满规定的学分后，方可进行毕业论文写作。毕业论文成绩在及格以上（含及格60分）方可毕业；申请学士学位者，毕业论文成绩应在良好以上（含良好80分）。为组织好毕业论文写作工作，规范毕业论文的写作程序和要求，特制定本管理办法。

一、毕业论文写作时间安排

论文周期约9个月，具体时间以网上公布时间为准。

（一）准备阶段

本科（含专升本、高起本）学生应按照教学计划的要求，修满规定的学分，方可申请毕业论文写作。申请毕业论文写作需满足以下要求。

1. 学期条件

专升本：第三学期末选第四学期的毕业论文。

高起本：第八学期末选第九学期的毕业论文。

2. 学分条件

专升本：已取得30学分以上，并且已修、在修达到50学分。

高起本：已取得100学分以上，并且已修、在修达到120学分。

学生应在选修最后一批课程的同时选修毕业论文一科，即在申请毕业论文写作前的选课阶段选修该门课程，选课操作与其他课程相同，也须统一交费。毕业论文一科没有选课或选课没有按时交费的同学不能参与毕业论文写作。

（二）选题阶段

（1）选课前，毕业论文成绩合格但要求重修的学生，必须在我院规定时间内进入学生工作室—【其他申请】提交申请，经我院审核批准后方可参与本批次毕业论文选题和写作。

（2）选题（包括提交）

学生在毕业论文写作开始前，必须在规定时间内，进入学生工作室点击"毕业论文"参与论文选题。选题时，学生应根据学院提供的论文选题、写作指引，结合自己的专业、兴趣和实际情况选择毕业论文写作题目，确定后在网上提交，"是否为当前题目"状态为"是"时，则选题成功；否则为选题失败，应重新选题。选题期间允许更换论文题目，选题结束后则不可随意更换论文题目。每个学习中心最多不允许超过5个人选择同一论文题目。

选课却没有按时参加选题的学生视为放弃此次毕业论文写作，可下一批次再写，不算重修。选课又选题的学生，学分费用已扣，必须在本批次完成毕业论文写作，否则将判为零分，必须在下一批次重新选题参加写作。

在具体的写作过程中，在指导老师许可的情况下学生可以在同一研究方向内修改原来的论文题目，以便更好地写作。但如果未经指导老师批准而擅自修改或更换题目的学生，指导老师有权判其论文不及格。

（三）写作阶段

选题结束后，进入毕业论文写作阶段。在整个写作过程中，指导老师与学生利用留言板互相联系。

学生可进入学生工作室点击"论文操作"利用留言板留言提问，并以附件形式上传论文提纲、初稿、二稿、终稿；学生上传论文后应根据指导老师的修改意见认真修改论文。不可同一论文反复上传或论文未作认真细致的修改就再次上传。

指导老师也可直接进行批复与指导。对于已上传论文的学生，指导老师应及时给出论文指导意见，指导学生进行下一步写作，直至学生可以定稿为止。

（四）定稿提交阶段

写作阶段结束前，定稿的毕业论文电子版必须按网院提供的模板编辑排版后提交，否则成绩无效。模板包括封面、原创承诺书、目录、中英文摘要、正文、参考文献等。因学生自身的原因造成毕业论文迟交或未交的，毕业论文成绩为0分，下学期必须重新参加写作。

模板见"华师在线"主页—【教学教务】—【管理规定】。

（五）写作成绩评定阶段

写作阶段结束后，由指导老师在网上给自己指导的学生判定成绩和评语，学生可于我院规定的期限内进入学生工作室查询自己的论文写作成绩。

（六）答辩阶段

毕业论文答辩是本科学生写作毕业论文必须经历的一个重要环节。毕业论文答辩可以直接检验学生本科阶段的所学知识及掌握的技能。毕业论文写作成绩公布后，成绩达到60分以上（含60分）的学生必须参加我院统一组织的毕业论文答辩。论文答辩成绩占总成绩的30%，无故不参加毕业论文答辩的其答辩成绩为0分。

我院将依据学生的毕业论文写作成绩组织学生答辩。答辩形式有两种，一是各学员集中到所属学习中心利用网络参加网上答辩，即学生和答辩老师利用网络即时答辩；二是广州地区的学生集中到校本部，与答辩老师进行面对面的答辩。无论哪种答辩形式，我院对学生答辩的要求和答辩成绩判定标准都是一样的。

（七）总成绩合成与公布

答辩结束后，答辩老师将依据学生具体的答辩情况判定答辩成绩和评语。我院将依据写作成绩与答辩成绩7：3的比例四舍五入合成学生的毕业论文一科总成绩。没有被抽到答辩的学生，系统将直接以其毕业论文写作成绩作为总成绩。学生可于我院规定期限内进入毕业论文系统查询答辩成绩和最终的总成绩。论文成绩及格以上（含及格）者，将取得相应的学分；成绩不及格，不能取得相应学分，并应在规定学习期限内，重修毕业论文，重修次数不限，直至及格为止。毕业论文已经合格的学生可自行决定是否重新申请写作毕业论文，重新申请写作毕业论文将视为重修，需要在网上提交论文重修申请，学院审核通过后，学生方可重新参与写作。此情况学生只允许重修一次，最终成绩以高分一次为准。

因为毕业论文一科的成绩是在毕业论文系统中记录与合成的，因此学生不需要为毕业论文一科预约考试。

二、毕业论文内容规范

（1）论文题目。论文题目应能概括整个论文最重要的内容，简明、恰当，一般不超过25个字。

（2）作者，指导教师。

（3）摘要。摘要包括中文摘要和英文摘要。摘要是对论文内容不加注释和评论的简短陈述。摘要应具有独立性和自含性，即不阅读论文全文，就能获得必要的信息。摘要一般应说明研究工作目的、实验方法、结果和最终结论等，而重点是结果和结论。中文摘要不超过300字，除了实在无变通办法可用以外，摘要中不用图、表、非公知公用的符号和术语。

（4）关键词。关键词是从论文的题名、提要和正文中选取出来的，为了便于读者选读和检索文献。关键词是能反映文章特征内容、通用性比较强、有现实意义的比较重要的词汇，避免把关键词写成了句子、短语。毕业论文的关键词一般为3~5个。

（5）目录要求。目录中所列标题不超过三级，层次要清晰，且与正文标题一致，包括中文摘要、英文摘要、引言、正文、结论、注释（非必需）、参考文献、附录（非必需）、致谢词（非必需）等。

（6）引言。引言又称前言、序言和导言，用在论文的开头。引言一般要概括地写出作者意图，说明选题的目的和意义，并指出论文写作的范围。引言要短小精悍、紧扣主题。

（7）论文正文。核心部分，占主要篇幅。正文必须实事求是，客观真实，准确完备，合乎逻辑，层次分明，简练可读。

学位论文的图、表、参考文献、公式等，一律用阿拉伯数字依序连续编排序号，可就全篇顺序编号，也可分章依序编号。其标注形式应便于区别，如图1、图2；表1、表2等。其中图、表等应有简短确切的题名，连同图号（表号）置于图下（表上）。

（8）结论。论文的结论是最终的、总体的结论，不是正文中各段小结的简单重复。结论应该准确、完整、明确、精练。可以在结论中提出建议、研究设想、改进意见、尚待解决的问题等。

（9）注释。注释是对正文特定内容的附加说明和阐述，一般采用脚注或尾注形式，用带圈数字表示序号，如注①、注②等。

（10）参考文献。一篇论文的参考文献是将论文在研究和写作中可参考或引证的主要文献资料，列于论文的末尾，应不少于6项。参考文献只能引用公开出版的书、刊及学位论文。内部资料、产品或公司简介等读者无法查找的非正式出版物不得引用。

（11）附录。附录是作为论文主体的补充项目，并不是必需的。包括放在正文内过分冗长的公式、以备他人阅读方便所需的辅助性数学工具、重复性的数据图表、论文使用的符号意义、单位缩写、程序全文及有关说明等。

三、毕业论文排版和装订要求

（一）字数要求

毕业论文正文字数一般应在8000字左右（一般理科字数不少于6000字，文科字数不少于8000字，财经类字数不少于7000字，艺术类等专业可适当减少），提纲字数应在500~1000字（提纲字数不包括在正文中）。

（二）字体要求

①论文题目：宋体三号字居中，可加黑。②提纲及正文：宋体五号字两端对齐，段落首行空两字，段落间不允许空行，段落标题除可以加黑加阴影外，不得再使用其他任何样式；单倍行距，段落间距都为零；不得对整篇文章使用表格嵌套；不得使用繁体字和任何背景色。③参考文献、注释：宋体五号字。

（三）页码要求

从论文正文开始设置页码，将正文设置为第1页，页码在页末居中设置。

（四）排版顺序

毕业论文定稿应使用学院统一规定的毕业论文模板，并按封面、原创承诺书、目录、中文摘要、英文摘要、正文、参考文献、致谢词等的顺序进行编辑排版，定稿前不需使用网院提供的模板。

（五）毕业论文正文段落层次划分标准

（略，见表5-5）

（六）参考文献（参考）

参考文献也应列明，一般不少于6项。每项应包括作者、文献名、出版地区、出版单位、出版时间等。参考文献的内容必须与论文内容紧密相关。

参考文献规格如下。

- 专著：［序号］主要责任者．文献名［M］．地区：出版单位，出版年：起止页码．
- 译著：［序号］（原著者国别）原著者．文献名［M］．译者名．地区：出版单位，出版年：起止页码．
- 期刊文章：［序号］主要责任者．文献名［J］．期刊名，出版年（期）：起止页码．
- 报纸文章：［序号］主要责任者．文献名［N］．报纸名，出版日期（版次）．
- 电子文献：［序号］主要责任者．文献名［EB/OL］．［引用日期］．获取和访问路径．
- 学位论文：［序号］作者．论文标题［D］．地点：学校名，出版年．

以上格式仅供参考，请学员认真按照指导老师的要求修改论文。

四、成绩

毕业论文成绩按百分制评定。指导老师依据学生定稿后的毕业论文电子稿进行评分，并在教学平台录入成绩。

（1）如果学生中途放弃写作，则毕业论文成绩为0分。如果学生在写作期间未与指导老师联系，或没有在系统中提交论文，则论文成绩为0分。论文成绩不及格必须重新选题参加写作。

（2）毕业论文成绩60分以上（含60分）者，方可毕业。申请学士学位者，毕业论文成绩应在80分以上（含80分）。论文成绩凡是在60分以上（含60分）的同学都必须参加答辩。

（3）毕业论文须独立完成。如有抄袭、代写、雷同等作弊行为，一经发现，所写毕业论文无效。正在撰写者，取消毕业论文写作资格；已评定成绩者，取消成绩；已准予毕业者，宣布毕业证书作废；已授予学位者，宣布学位证书作废。

（4）毕业论文指导教师评定的毕业论文成绩，经学院学术委员会审核通过后统一在学生工作室公布。

（5）学生提交毕业申请后，不得再申请毕业论文写作。

五、其他说明

（1）本办法若有调整，以"华师在线"主页—【教学教务】—【管理规定】公布的为准。

（2）本办法自公布之日起执行，本办法解释权归华南师范大学网络教育学院。

参考文献

[1] [美]乔伊斯·P. 高尔，等. 教育研究方法实用指南. 屈秀杰，郭书彩，胡秀国，译. 北京：北京大学出版社，2007
[2] [美]戈登·哈维. 学会引用：大学生论文写作指导手册. 沈文钦，李茵，译. 北京：教育科学出版社，2007
[3] [美]罗伯特·K. 殷. 案例研究方法的应用. 周海涛，等，译. 重庆：重庆大学出版社，2009
[4] [美]索伦森. 怎样写学术论文. 上海：上海译文出版社，2005
[5] [美]约翰·W. 克雷斯威尔. 研究设计与写作指导：定性、定量与混合研究的路径. 重庆：重庆大学出版社，2007
[6] [日]伊丹敬之. 创造性论文的写法——大学生、研究生毕业论文写作指南. 吕莉，张舒英，译. 北京：社会科学文献出版社，2004
[7] [意]翁贝托·埃科. 大学生如何写毕业论文. 北京：华龄出版社，2003
[8] [英]华森. 论文写作：长篇论文和学位论文写作指南. 四川：四川大学出版社，2003
[9] [英]马丁·丹斯考姆. 做好社会研究的10个关键. 北京：北京大学出版社，2007
[10] [英]马尔科姆·泰勒. 高等教育研究进展与方法. 北京：北京大学出版社，2007
[11] [英]萨莉·拉姆奇. 如何查找文献. 廖晓玲，译. 北京：北京大学出版社，2007
[12] 毕恒达. 教授为什么没告诉我. 北京：法律出版社，2007
[13] 陈向明. 质的研究方法与社会科学研究. 北京：教育科学出版社，2006
[14] 杜兴梅. 学术论文写作ABC. 广州：广东高等教育出版社，2006
[15] 风笑天. 社会学研究方法. 北京：中国人民大学出版社，2009
[16] 冯坚. 科学研究的道德与规范. 上海：上海交通大学出版社，2007
[17] 雷·R. 牛顿，克叶尔·埃里克·鲁德斯坦. 大学生论文写作十二讲. 北京：首都师范大学，2005
[18] 李克东. 教育技术学研究方法. 北京：北京师范大学出版社，2006
[19] 李萍，秦勤，肖勇. 新编大学论文写作. 北京：气象出版社，2004
[20] 秦殿启. 文献检索与信息素养教育. 南京：南京大学出版社，2008
[21] 申继亮. 教学反思与行动研究——教师发展之路. 北京：北京师范大学出版社，2006
[22] 田力平. 论文写作与网络资源. 北京：北京邮电大学出版社，2002
[23] 王丛桂，罗国英. 社会研究的资料处理. 台北：黎明文化事业公司，1992
[24] 王首程. 论文写作. 北京：高等教育出版社，2002
[25] 叶继元，等. 学术规范通论. 上海：华东师范大学出版社，2005
[26] 张蓉. 社会调查研究方法. 北京：高等教育出版社，2005
[27] 赵公民，聂锋. 毕业论文的写作与答辩. 北京：中国经济出版社，2006
[28] 赵国璋，等. 社会科学文献检索. 北京：北京大学出版社，2005